OTTO HEUSCHELE · HUGO VON HOFMANNSTHAL

OTTO HEUSCHELE

HUGO VON HOFMANNSTHAL

BILDNIS DES DICHTERS

Stieglitz Verlag, E. Händle
D-7130 Mühlacker
A-8952 Irdning/Steiermark

Schutzumschlag: Ulrich Kolb, Leutenbach
Umschlagfoto: Hugo von Hofmannsthal

ISBN 3-7987-0291-8

Druck: Karl Elser Druck GmbH, Mühlacker

Er, der Liebhaber der höchsten Schönheit, hielt, was er schon gesehen hatte, nur für ein Abbild dessen, was er noch nicht gesehen hatte, und begehrte dieses selbst, das Urbild, zu genießen.

GREGOR VON NYSSA

Über den Sternen schwebt eine unverwelkliche Zeit, die nichts von der schalen Gegenwart weiß.

HUGO VON HOFMANNSTHAL

Die Kräfte freizumachen ist unser Amt, über dem Ende waltet ein Höherer.

HUGO VON HOFMANNSTHAL

„Gebet Zeugnis: ich war da, wenngleich mich niemand gekannt hat.“ – Mit diesen Worten auf den Lippen stirbt Prinz Sigismund in Hugo von Hofmannsthals Trauerspiel „Der Turm“. Von seinem, des Dichters, Dasein Zeugnis zu geben, ist die Absicht dieser Arbeit. Dank und Gedächtnis waren frühere Arbeiten überschrieben, Dank und Gedächtnis sei auch dieser heutige Versuch genannt. Was er von Stefan George sagte: er sei eine herrliche abendländische und deutsche Erscheinung gewesen, das gilt auch von ihm. Möge den Deutschen und den Europäern sein Werk nie entfallen, mögen sie bei ihm erfahren, was wir das Geheimnis des Lebens nennen.

Otto Heuschele

I

Die Gestalt des Dichters zählt für uns zu den großen Geheimnissen des Lebens. Ein Mensch wird geboren, erwacht für das Dasein in dieser Welt, bis ihm eines Tages die Sprache gegeben wird, durch die er sich äußern darf, nicht für sich selber nur, und nicht um sich den Menschen mitzuteilen, unter denen er lebt, sondern, um mit dieser Sprache Leben zu zeugen und Welt zu gestalten, um mit ihr das Lebens- und Weltgeheimnis sichtbar zu machen, ohne es zu zerstören, und endlich um Zwiesprache zu halten mit Gott. Das ist sein großes Glück, aber auch seine Bürde, gibt es doch hier auf Erden keine außerordentliche Gabe, die nicht auch, kraft der Gerechtigkeit alles Lebens, eine Bürde, ein Opfer in sich schlösse. Aber wer ist ein Dichter? Wir verbinden den Begriff mit vielen Namen, mit Homer und Pindar, Dante und Shakespeare, Goethe und Hölderlin, um nur einige stellvertretend für viele zu nennen. Sie alle waren Bürger ihrer Zeit, gehörten ihren Völkern an, kraft ihrer Sprache und kraft ihrer tiefen Verwurzelung im Schicksal dieser Völker; sie alle aber gingen, wiederum kraft der Sprache, ins Zeitlose ein; sie gehören heute den Völkern und der Welt, sie sprechen durch ihr weites und reiches Menschentum zu uns, als lebten sie mit uns. Wenden wir uns ihnen zu, so haben wir teil am zeitlosen und ewigen Wesen des Menschlichen, das zu erringen unsere hohe Aufgabe hier auf Erden ist. Wir sollten daher meinen, die Dichter seien geheime Fürsten dieser Erde, sie müßten erkannt werden, man müsse ihnen danken, sie rühmen und feiern. Dem ist aber nicht so. Wie oft gingen sie durch ihre Zeit, kaum erkannt und kaum gehört. Wie hat es doch einer der Großen ausgedrückt: „So ist der Dichter da, wo er nicht da zu sein scheint, und ist immer an einer anderen Stelle als er vermeint wird. Seltsam wohnt er im Haus der Zeit, unter der Stiege, wo alle an ihm vorüber müssen und keiner ihn achtet. Gleicht er nicht dem fürstlichen Pilger aus der alten Legende, dem auferlegt war, sein fürstliches Haus und Frau und Kinder zu lassen und nach dem Heiligen Lande zu ziehen; und er kehrte wieder, aber ehe er die Schwelle betrat, wurde ihm auferlegt, nun als ein unerkannter Bettler sein eigenes Haus zu betreten und zu wohnen, wo das Gesinde ihn wiese. Das Gesinde wies ihn unter die Treppe, wo nachts der Platz der Hunde ist. Dort haust er und hört und sieht seine Frau und seine Brüder und seine Kinder, wie sie die Treppe auf- und niedersteigen, wie sie von ihm als einem Verschwundenen, wohl gar einem Toten sprechen und um ihn trauern. Aber ihm ist auferlegt, sich nicht zu erkennen zu geben, und so wohnt er unerkannt unter der Stiege seines eigenen Hauses ... Er ist da, und es ist niemandes Sache, sich um seine Anwesenheit zu bekümmern. Er ist da und wechselt lautlos seine Stelle und ist nichts als Auge und Ohr und nimmt seine Farbe von den Dingen, auf denen er ruht. Er ist der Zuseher, nein, der versteckte Genosse, der lautlose Bruder aller Dinge, und das Wechseln seiner Farbe ist eine innige Qual: denn er leidet an allen Dingen, und indem er an ihnen leidet, genießt er sie. Dieses Leidend-Genießen, dies ist der ganze Inhalt seines Lebens."

Das sind Worte Hugo von Hofmannsthals, wie er sie in einem Vortrag ‚Der Dichter und die Zeit' 1906 aussprach. Von ihm, dem Dichter Hugo von Hofmannsthal, soll hier die Rede sein. Sprechen wir von ihm, so als von einem der letzten großen Dichter unserer Sprache, von einem begnadeten Menschen, der ein Werk hervorbrachte, das noch einmal, viele Sphären umfassend wie das Goethes, in der Zeit steht, von der wir wissen, daß sie in der Geschichte der Menschheit eine Wendezeit darstellt. Er kannte und durchlitt diese Zeit, er wußte, was sie von ihm forderte und was er ihr schuldete.

Hofmannsthal wurde am 1. Februar 1874 in Wien geboren; seine Eltern und Großeltern gehörten dem österreichischen Patriziat an, aber in ihm mischten sich vielerlei Blutströme, sammelte sich vielerlei Volkstum, österreichisches Bauerntum und Mailänder Adel. Reiche Erinnerungen barg seine Seele, seine frühen Dichtungen künden davon, denn er, der in das ausgehende 19. Jahrhundert hineingeboren wurde, trug in sich das Wissen um weite Vergangenheiten. Er war ein Österreicher durch und durch, Gestalten wie Maria Theresia und Prinz Eugen, Grillparzer und Stifter, Raimund und Nestroy waren ihm wie Verwandte einer großen Familie, der er sich selbst zugehörig wußte. Darum nur konnte er so Tiefes und Gültiges über sie schreiben. Er war aber auch ein Europäer und wußte sich Homer wie Shakespeare, Goethe wie Novalis, Balzac wie Shelley und Keats verbunden. Österreich war seine Heimat, die geistige Welt des Abendlands sein Vaterland. Der Knabe wuchs unter den glücklichsten Umständen auf, seine Briefe an die Eltern deuten an, mit welcher zarten Liebe er ihnen lebenslang zugetan war. Er war ihr einziges Kind, und sie wußten, was ihnen mit ihm gegeben worden war. Sie taten alles, ihn zu fördern. Der Knabe war ein ausgezeichneter Schüler, aber noch ehe er seine Matura ablegte, trat er als Dichter hervor. Da es damals Schülern noch verboten war, drucken zu lassen, was sie schrieben, erschienen seine ersten Gedichte unter dem Namen Loris oder Loris Melikow.

Hier aber schrieb nicht irgend ein Jüngling Verse, wie sie junge Menschen häufig zu schreiben pflegen, mit diesen ersten Versen trat vielmehr ein Dichter an die Öffentlichkeit, auf den die berufenen Kritiker sogleich achteten. Eine Stimme wurde hier laut, die aufhorchen ließ. Das war im Jahre 1891. Im gleichen Jahre begann der Knabe, mitunter noch in Begleitung des Vaters, das berühmte Café Griensteidl in Wien zu besuchen, in dem Dichter und Literaten sich zu treffen pflegten. Hier wurden Gespräche geführt, die einen neuen Abschnitt in der Kunst einleiteten, das nachklassische Epigonentum, Realismus und Naturalismus sollten durch eine neue Kunst abgelöst werden. An runden Tischen saßen die Vertreter und Wegbereiter dieses Neuen: Hermann Bahr und Felix Salten, Arthur Schnitzler, Richard Beer-Hofmann und andere, deren Namen heute vergessen sind. Hier geschah es auch, am 21. Dezember 1891, daß ein Mann auf den jungen Hofmannsthal zutrat, der hinfort neben ihm der bedeutendste deutsche Dichter werden sollte: Stefan George. In zwei jungen Menschen begegneten sich zwei Welten. Die Briefe, die uns erhalten sind, geben von der Begegnung und ihrer Folge Kunde. Sie deuten an, wie der um sechs Jahre ältere George um den Jüngeren leidenschaftlich warb, wie er ihn für seine Ziele und seine Weise des Wirkens zu gewinnen suchte. Es hob ein Ringen an, in dem der Jüngere und Zartere sich gegen den Älteren und Härteren, der Empfangende gegen den Herrscherlichen zu wehren hatte. „Hofmannsthal ist Erbe, George ist Eroberer", schrieb Max Kommerell, der so viel Feines und Richtiges über Hofmannsthal zu sagen wußte. Die Briefe zeigen aber auch, wie der Jüngere, Hofmannsthal, hier sich völlig anders gibt als in allen Briefen an andere Menschen der Zeit. Es ist, als sei er erstarrt, als habe er sein Antlitz hinter einer Maske verhüllen müssen. Nachdem sich im Lauf der Jahre zeigte, daß es kein Miteinander gab, schieden sich die Wege beider. Sie haben aber nicht aufgehört, mit hoher Achtung voneinander zu sprechen. Ihre Begegnung war ein Ereignis, und ihr Wirken nebeneinander, auch in der Trennung, gehört zu den folgenreichsten Geschehnissen im Raume des deutschen Geistes. Als von „einer herrlichen abendländischen und deutschen Erscheinung" sprach Hofmannsthal später von George. Müßig ist es zu fragen, was hätte werden können, wenn sie sich nicht hätten trennen müssen. Hier waltet das Schicksal, vor ihm haben wir uns zu verneigen. Noch nach über dreißig Jahren schrieb Hofmannsthal in einem Brief an Carl J. Burckhardt: „Ich denke immer an einzelne Menschen, so wie sie in Glarisegg waren und ich mit achtzehn Jahren, als nachts in einem Stadtcafé im alten Palais Herbertstein plötzlich ein unheimlich und gebieterisch aussehender, vielleicht noch sehr junger, vielleicht viel älterer Mensch auf mich zutrat, der Stefan George war und sagte, er suche mich und er sei nur deswegen nach Wien gekommen. Das Leben wurde mir durch die Begegnung nicht weniger unheimlich, vielleicht sogar mehr – aber ich fühlte mich selbst in mir, wie etwas Kraft, Liebe und Hoffnung Gebendes."

Indessen veröffentlichte Hofmannsthal in den kommenden Jahren seine schönsten Gedichte und das kleine Dramenfragment „Der Tod des Tizian" in Stefan Georges Zeitschrift „Blätter für die Kunst". Mit diesen zwei Dutzend Gedichten und den kleinen Dramen, die nun in rascher Folge entstanden, war für die Welt ein Dichter sichtbar geworden, der als Zwanzigjähriger gemäß seiner Natur an das „Weltgeheimnis" rühren mußte. Eines seiner frühesten Gedichte trägt diesen Titel und lautet so:

Der tiefe Brunnen weiß es wohl,
Einst waren alle tief und stumm,
Und alle wußten drum.

Wie Zauberworte, nachgelallt
Und nicht begriffen in den Grund,
So geht es jetzt von Mund zu Mund.

Der tiefe Brunnen weiß es wohl;
In den gebückt, begriffs ein Mann,
Begriff es und verlor es dann.

Und redet' irr und sang ein Lied –
Auf dessen dunklen Spiegel bückt
Sich einst ein Kind und wird entrückt.

Und wächst und weiß nichts von sich selbst
Und wird ein Weib, das einer liebt
Und – wunderbar wie Liebe gibt!

Wie Liebe tiefe Kunde gibt! –
Da wird an Dinge, dumpf geahnt,
In ihren Küssen tief gemahnt...

In unsern Worten liegt es drin,
So tritt des Bettlers Fuß den Kies,
Der eines Edelsteins Verlies.

Der tiefe Brunnen weiß es wohl,
Einst aber wußten alle drum,
Nun zuckt im Kreis ein Traum herum.

Das ist wie ein Selbstbildnis in Versen. Lebenslang wird der Dichter nach diesem Weltgeheimnis suchen, um es immer wieder in seiner Dichtung, in seiner Sprache in sich wandelnden Formen und Gestalten darzustellen.

So wie dieser Jüngling sich in alles verwandelt, so ist alles in ihm. Seine Seele ist beladen mit dem Wissen um Gewesenes, mit der Ahnung um Kommendes. Er ist Dichter, und das heißt für ihn, er müsse sich allem öffnen, dem Gegenwärtigen wie dem Vergangenen, dem Kommenden wie dem Enteilenden. Vieles lebt in ihm, und vieles verwandelt sich in ihm, wird Lied und Musik, Bild und Vision. Durch viele Geschlechter war sein Blut geflossen, es strömte in ihn ein, ein dunkler Strom, aus dem diese Gedichte auftauchen. So sind seine Gedichte: wirklich-unwirkliche Gebilde, in denen Traum und Leben, Liebe und Tod, Werden und Vergehen, Morgen und Abend, Frühling und Herbst, Vergangenheit und Zukunft sich zusammenschließen. Was er 1903 vom Sinn der Gedichte schrieb, das trifft für die seinen zu: „Wovon unsere Seele sich nährt, das ist das Gedicht, in welchem, wie im Sommerabendwind, der über die frisch gemähten Wiesen streicht, zugleich ein Hauch von Tod und Leben zu uns herschwebte, eine Ahnung des Blühens, ein Schauder des Verwesens, ein Jetzt, ein Hier und zugleich ein Jenseits, ein ungeheueres Jenseits. Jedes vollkommene Gedicht ist Ahnung und

Gegenwart, Sehnsucht und Erfüllung zugleich. Ein Elfenleib ist es, durchsichtig wie die Luft, ein schlafloser Bote, den ein Zauberwort ganz erfüllt; den ein geheimnisvoller Auftrag durch die Luft treibt: und im Schweben entsaugt er den Wolken, den Sternen, den Wipfeln, den Lüften den tiefsten Hauch ihres Wesens, und der Zauberspruch aus seinem Munde tönt getreu und doch wirr, durchflochten mit den Geheimnissen der Wolken, der Sterne, der Wipfel, der Lüfte."

Dieses Dichters Seele schlüpft aber auch in die Gestalten des Lebens, der Geschichte, der Mythen, der Sagen und der Märchen hinein. Sie schwebt über die Landschaft der Heimat und der Ferne, des Nordens und des Südens, sie sucht Wohnung in den Mythen der Antike, in den Zaubergärten des Orients, in der Märchenwelt von Tausend und eine Nacht. Alle diese Welten, Kulturen, diese Landschaften und Zeitalter werden ihm mit ihrem besonderen Dufte, ihrem Zauber und ihrer Gebärde zu eigen. Aus der Verwandlung der eigenen Seele in die Seele der Gestalten werden ihm die ersten Spiele, die lyrischen Dramen, geschenkt, von denen sich eine ganze Generation bezaubert fühlte: „Gestern", „Der Tod des Tizian", „Der Tor und der Tod", „Alkestis", „Der weiße Fächer", „Der Kaiser und die Hexe", „Das Kleine Welttheater", „Die Frau im Fenster", „Der Abenteurer und die Sängerin", „Das Bergwerk von Falun".

Dem Leben, diesem dunklen und leuchtenden, diesem verborgen-offen liegenden Geheimnis sucht der Dichter nachzuspüren. Er möchte es in all seinen Verwandlungen ins Gedicht einfangen, aber er weiß, wie schwierig das ist, und er kennt noch nicht die Grenzen von Traum und Leben, von Leben und Tod. Überhören wir nicht das Bekenntnis, das Claudio, der Tor, ablegt:

> Da tot mein Leben war, sei du mein Leben, Tod!
> Was zwingt mich, der ich beides nicht erkenne,
> Daß ich dich Tod und jenes Leben nenne?
> In eine Stunde kannst du Leben pressen,
> Mehr als das ganze Leben konnte halten,
> Das schattenhafte will ich ganz vergessen
> Und weih mich deinen Wundern und Gewalten.

Alle diese Spiele sind angefüllt mit frühreifem Wissen. Es sind keine Handlungen, es sind lyrische Dialoge, ja Monologe. Große Landschaften sind es, Landschaften erschütterter Seelen, vor denen der Tod oder die Liebe, die Ahnung um die Vergänglichkeit und Hinfälligkeit alles Lebens, das Grauen vor den schauervollen Abgründen des Daseins den Vorhang wegriß. Um die großen Lebensaugenblicke bewegen sich die Gestalten: so um Erwachen und Blühen, um Liebe und Vergehen, um die Erwartung des Lebens wie um die Ahnung des Jenseits. Um den Tod kreisen die Schüler des Tizian, vom Tod wird Claudio, der Tor, an das Leben erinnert, die Liebe bestimmt das Schicksal Madonna Dianoras, um des Lebens unentwirrbare Rätselhaftigkeit und Verworrenheit zu entwirren, schreiten die Gestalten im „Kleinen Welttheater“ über die vor goldenem Abend sich dunkel wölbende Brücke. Es sind die wenigen zentralen Lebensgeheimnisse, die in diesen Spielen sichtbar werden. Die Gewalt, die aus den alten Themen auf uns überspringt, liegt in dem unwiederholbaren Zauber, durch den der Dichter sie zur Gestalt erhob. Es ist der Schmelz, der auf diesen Gestalten liegt, es ist die Atmosphäre, die die Räume erfüllt, in denen sie sich bewegen, es ist der Adel der einzelnen Personen, ihre Lebens-Treue und ihre Lebens-Untreue, ihre Lebens-Fremdheit und Lebens-Vertrautheit, es sind die Beziehungen, die zwischen den einzelnen Gestalten in jedem Stück auf eine ergreifende Weise hergestellt sind und so diese Spiele zu Gleichnissen des Lebens erheben. Musik ist es, die durch sie hinklingt. Wie Musik hier an das Wort und an das Wort das Leben und an das Leben das Mehr-als-Leben und das Weniger-als-Leben gebunden ist, das bildet den Grund des Zaubers, mit dem in diesen Gedichten ein Jüngling das Leben erschloß. In ihnen haben sich, wie nie zuvor in deutscher Dichtung, tiefste Gedanken mit schwebender Musik der Sprache zusammengefunden, um das Dunkelste noch in das Gewand einer zeitlos ewigen Schönheit zu kleiden. Denn, vergessen wir das nicht, die Welt dieser Spiele ist wohl überflutet von Schönheit und dunkel-strahlendem Glanze, aber der Hauch der Vergänglichkeit und der Schatten des Todes ist überall gegenwärtig. Hätte der Tod den Dichter uns entrissen, als er, um die Vollendung seines „Bergwerk zu Falun“ ringend, die Epoche seiner Jugend hinter sich ließ, wäre sein Werk zwar unerfüllt, aber dennoch in sich geschlossen gewesen. Das Werk, das ein ganzes deutsches Geschlecht bezaubert und beglückt hat, hätte sich mit der Gestalt des jungen Dichters zu einer Legende eigener Prägung zusammengeschlossen.

Der diese Dichtungen schrieb, hatte inzwischen 1892 sein Maturitätszeugnis erhalten, hatte Reisen unternommen und sich an der Wiener Universität zum Studium der Rechtswissenschaften einschreiben lassen. Nach vier Semestern unterbrach er das Studium, um sein Einjährigen-Jahr bei einem Dragoner-Regiment abzudienen. Von dem, was er dort erlebte, lesen wir in seinen Briefen, die für uns neben den Dichtungen zu den Kostbarkeiten seines Lebens gehören. Ein Nachklang dieser Soldatenzeit dürfte auch in der „Reitergeschichte“ (1898) zu erkennen sein. Nach Ableistung seines Freiwilligen-Jahres kehrte er zur Universität zurück, aber nicht mehr zur juristischen, sondern zur philosophischen Fakultät. Romanische Philologie zu studieren, hatte er sich zur Aufgabe gemacht. Er schloß sein Studium mit dem Doktor-Examen ab und gedachte, sich für romanische Philologie zu habilitieren. Es entstand die schöne „Studie über die Entwicklung des Dichters Victor Hugo", die wir heute in den Prosaschriften finden. Der Plan, sich der Universitätslaufbahn zu widmen, wurde indessen wieder aufgegeben. Hofmannsthal mußte spüren, daß er berufen war, ein Dichter, nicht aber ein Gelehrter zu werden. Sein ihm eingeborenes Erziehertum sollte sich in anderen Formen bewähren.

Neben den Gedichten und den Kleinen Dramen, mit denen er sich nicht nur eine Stellung in der deutschen Dichtung seiner Zeit, sondern weltweiten Ruhm erworben hatte, waren eine stattliche Reihe von Aufsätzen zur Literatur, zur Kunst und zur Problematik des Lebens erschienen. Aus ihnen spricht dasselbe reiche Wissen um das Lebensgeheimnis, dem wir in den Dichtungen begegnet sind. Wir könnten versucht sein, beim Blick auf das, was in diesen frühen Jahren vom Dichter hervorgebracht wurde, von einem Wunderkind zu sprechen, das in unvergleichlicher Frühreife diese an Schönheit der Form wie an Tiefe der Gedanken so reichen Gaben den Menschen dargeboten habe. Das ist oft geschehen. Hofmannsthal aber war kein Wunderkind wie Mozart. Anderes lebte in ihm, ein Wissen um Gewesenes und Kommendes erfüllte ihn; ein Erinnern und ein Ahnen sprach aus allem, was er darbot. Es war ein Leben und Schaffen aus dem „glorreichen aber gefährlichen Zustand der Präexistenz".

Man hat den Dichter damals mißverstanden, wie man nur einen Menschen mißverstehen kann, man nannte ihn einen Ästheten, einen Träumer und einen Spieler mit schönen Worten und wohlgefügten Sätzen, weil man nicht bis in die Tiefen dieser Gebilde hinabhörte, weil man nicht sehen wollte, daß hier ein junger Mensch mit höchstem Ernst und mit dem Gefühl für Verantwortung darbot, wozu er schicksalhaft berufen war. Hofmannsthal ist dieses Mißverständnis sehr nahe gegangen. In einem Tagebuchblatt vom Jahre 1906 lesen wir: „Sonderbarer endlos wiederholter Vorwurf meinen ersten Produkten gegenüber, daß sie aus einer egoistischen, ästhetischen Einsamkeit, einer unmenschlichen, der Sympathie baren Natur hervorgehen. In ‚Gestern' und ‚Tor und Tod' handelt es sich eben gerade um das Finden eines höheren Verhältnisses zu den Menschen. Man muß diese Gedichte so oberflächlich als möglich auffassen, um das nicht herauszufühlen. Es wäre auch sonderbar, wenn es mir an Verhältnis zu den Menschen fehlen sollte. Das Gefährliche und Verwirrende meiner Jugend war, daß zu viele solche Verhältnisse da waren, zu subtile, und ihre Objekte zum Teil Menschen, die irrationale Brüche waren. Meine Phantasie und mein Gemüt waren in Gefahr, sich an den fremden Existenzen, mit denen sie sich beladen hatten, zu überheben, wie Fohlen, wenn sie zu früh vor den Pflug gespannt werden.

Auch wüßte ich nicht, woher mir das menschenfeindliche Element gekommen sein sollte. Meine beiden Großväter, der Notar und der Seidenfabrikant, waren, jeder nach seiner Art, rechtliche, gesellige, in allen menschlichen Verhältnissen heimische Männer. Meine Großmütter waren zwei merkwürdige Frauen: die italienische die Urbanität selber, und die deutsche eine Frau, in deren Kopf die Privatverhältnisse von Tausenden von Menschen Platz hatten, die sich mindestens mit der Phantasie in zahllose Existenzen mischte. Meine Mutter konnte an Leuten, die sie nur dem Namen nach und aus Erzählungen kannte, einen unglaublichen Anteil nehmen: fremde Schicksale konnten bei ihrer geheimnisvoll erregbaren Natur die schönste Lebhaftigkeit in ihr entfesseln und die schwersten Verdüsterungen verursachen. Wie mein Vater aus seinem Amt die Verhältnisse von zahllosen Menschen, Gutsherren, Finanzleuten, Agenten, Geldjuden, Beamten, Politikern in sich herumträgt und soviel Widersprechendes ebenso scharf auffaßt als mit Humor sich gefallen läßt, ist unvergleichlich, und dazu ist noch seine liebste Lektüre das Lesen von Memoiren, Selbstbiographien, historischen Charakteristiken, von denen er jährlich seine zweihundert Bände hinter sich bringt, so daß er die Porträts von soviel Menschen vielleicht in sich trägt wie Browning oder Dickens, – wo soll da der Einsame, Weltscheue herkommen?"

Er war nicht weltscheu, er suchte die Menschen und hatte Menschen um sich. Er besaß Freunde, die ihn liebten und deren Liebe er auf eine ergreifende Weise erwiderte; da waren Jünglinge ungefähr gleichen Alters mit ihm und Dichter wie er: Leopold von Andrian und Richard Beer-Hofmann, da waren andere Freunde, die ihn verstanden, wie die Freiherren Clemens und Georg zu Franckenstein, da war der Schiffsleutnant Edgar Karg von Bebenburg, da war der Dichter und Offizier Robert Michel, da waren aber auch viel ältere Menschen, denen er mit einer großen Liebe und Verehrung anhing, wie Frau von Wertheimstein. Sie alle begleiteten ihn durch viele Jahre seines Lebens, manche bis an sein Ende. An sie richtete Hofmannsthal seine Briefe, mit ihnen sprach er über seine Arbeiten und über alles, was die Zeit bewegte.

Noch ist der Wissende auch ein Suchender. Noch sieht er nicht, wohin das Schicksal ihn führen will. Eines aber weiß er, daß er sich trotz seiner Vertrautheit mit dem Lebensgeheimnis nicht ausschließen darf vom Leben in seiner Ganzheit. Dieses Ganze des Lebens ist es, was er auf allen seinen Wegen sucht. „Das Geheimnis des Lebens ist überall, nicht bloß im ersten Lächeln eines Neugeborenen oder im ersten Strählein weißer Haare auf dem Kopf einer Frau, die noch jung ist – es umgibt uns überall und drängt sich so dicht um uns herum, daß es einem manchmal fast den Atem nimmt. Nichts, aber auch gar nichts ist selbstverständlich, alles ist zum Staunen, und hinter allem ist ein Höheres, noch geheimer, aber auch lichter, nirgends ist Festes, worauf wir ruhen könnten, wir meinen zu stehen und sinken, meinen zu sinken und werden gehoben und getragen."

Zu seinem Weg in die Ganzheit des Lebens gehört auch die Ehe, die er im Jahre 1901 mit Gertrud Schlesinger, einer um sechs Jahre jüngeren Frau, schloß. Im Laufe der Jahre werden dem Paare drei Kinder geboren: Christiane, Franz und Raimund. Hofmannsthal hat lebenslang die Ehe als die höchste menschliche Verbindung geehrt und in vielen seiner Dichtungen, vor allem in den Lustspielen gefeiert. „Mir ist die Ehe etwas Hohes, wahrhaft das Sakrament – ich möchte das Leben ohne die Ehe nicht denken. (Es ist alles, was ich davon denke, in meinen Lustspielen gesagt, oft in einer mit Willen versteckten und beinahe leichtfertigen Weise.) Doch bleibt der Entschluß dazu in unserer heutigen Welt immer ein halbes Wunder. Aber wie spiegelt mir das mein eigenes Leben, daß der Entschluß aus der wunderbaren Erhöhung aller Kräfte, aus dem produktiven Zustand hervorgeht, aus der Einsamkeit. So war ich, vor wie vielen Jahren! einsam und glücklich in Paris, und ein Jahr später saß ich verheiratet in Rodaun, und ich werde es bis an meinen Tod nicht bereuen." So schrieb er 1926 an Carl J. Burckhardt.

Die glückliche Ehe und das Leben der Familie spielte sich in dem kleinen Maria-Theresia-Schlößchen in Rodaun bei Wien ab. Wer von Hofmannsthal spricht, darf die Frau nicht vergessen, die es verstanden hat, das oft schwere Leben des Dichters vor mancherlei äußeren Fährlichkeiten, so gut das nur ein Mensch vermochte, zu schützen. Er darf auch das Haus nicht vergessen, in dem sich das Leben abspielte. Der Dichter selbst hat es in einem Brief an Eberhard von Bodenhausen geschildert: „Das Schönste ist, daß wir ein unglaubliches kleines Haus auf dem Land gefunden haben, zwanzig Minuten (Eisenbahn) von Wien, in dem wir Sommer und Winter wohnen werden. Es ist zur Zeit der Kaiserin Maria Theresia von einem Fürsten Trautsohn, der ein Schwarzkünstler gewesen sein soll, für seine Geliebte gebaut worden. Es ist nicht größer wie ein Bauernhaus, hat ein wunderschön geformtes altes Schindeldach, einen großen grünen Salon mit bemalten Wänden, und einen tiefen, in den schwarzen Felsen gewölbten Keller.

Der Garten, voller alter Obstbäume, geht steil den Berg hinauf, oben tritt man durch ein kleines Gartenpförtchen auf einen gepflasterten freien Platz, auf dem Gras wächst; dort steht eine ganz kleine Kirche, und in der werden wir heiraten, in der letzten Maiwoche wahrscheinlich. Der Ort heißt Rodaun."

II

Als Gerty von Hofmannsthal in das Leben des Dichters trat, wurde dieser in eine schwere Krise hineingerissen. Der nun Sechsundzwanzigjährige stand an einem Wendepunkt seines Schaffens. Er hatte in den Gedichten und Kleinen Dramen ausgesagt, was ihm aus dem Zustand der Präexistenz auszusagen bestimmt war. Plötzlich sah er sich indessen vor große Schwierigkeiten gestellt, es schien, als sei der Weg zu Ende, auf dem er bisher hatte gehen müssen. Es versiegte der Zustrom an Bildern und Gesichten, aus denen er bislang die Arbeiten seiner frühen Jahre gestaltet hatte. Nun war es ihm aufgegeben, wenn er weiterschaffen wollte, neue Wege zu suchen. Er hat sie unter heftigen Leiden und unter vielen Mühen gefunden. Von der Krisis gibt eines der abgründigsten Prosastücke in Hofmannsthals Werk Kunde, der an tiefe menschliche und künstlerische Geheimnisse rührende „Brief" des Philipp Lord Chandos an seinen Freund Bacon. Über dieses Werk wurde viel geschrieben, gehört es doch zu den großen Bekenntnissen der deutschen Dichtung.

„Aber, mein verehrter Freund, auch die irdischen Begriffe entziehen sich mir in der gleichen Weise. Wie soll ich es versuchen, Ihnen diese seltsamen geistigen Qualen zu schildern, dies Emporschnellen der Fruchtzweige über meinen ausgestreckten Händen, dies Zurückweichen des murmelnden Wassers vor meinen dürstenden Lippen?

Mein Fall ist, in Kürze, dieser: Es ist mir völlig die Fähigkeit abhanden gekommen, über irgend etwas zusammenhängend zu denken oder zu sprechen.

Zuerst wurde es mir allmählich unmöglich, ein höheres oder allgemeineres Thema zu besprechen und dabei jene Worte in den Mund zu nehmen, deren sich doch alle Menschen ohne Bedenken geläufig zu bedienen pflegen. Ich empfand ein unerklärliches Unbehagen, die Worte ‚Geist', ‚Seele' oder ‚Körper' nur auszusprechen. Ich fand es innerlich unmöglich, über die Angelegenheiten des Hofes, die Vorkommnisse im Parlament, oder was Sie sonst wollen, ein Urteil herauszubringen. Und dies nicht etwa aus Rücksichten irgendwelcher Art, denn Sie kennen meinen bis zur Leichtfertigkeit gehenden Freimut: sondern die abstrakten Worte, deren sich doch die Zunge naturgemäß bedienen muß, um irgendwelches Urteil an den Tag zu geben, zerfielen mir im Munde wie modrige Pilze ... Die einzelnen Worte schwammen um mich; sie gerannen zu Augen, die mich anstarrten und in die ich wieder hineinstarren muß: Wirbel sind sie, in die hinabzusehen mich schwindelt, die sich unaufhaltsam drehen und durch die hindurch man ins Leere kommt." Sätze wie diese deuten den Charakter und die geistige Haltung des unvergleichlichen Dokumentes an.

Man kann durch diese Seiten hindurch das Bild des Dichters erkennen und kann erfahren, welch mühsamen Weg er zu gehen hatte, bis er als ein Gewandelter, aber in seinem innersten Lebenskern Unangetasteter ein neues Lebensfundament errungen hatte.

Der Weg führte zunächst zum Drama und zum Theater, aber auch zur großen darstellenden Prosa. Wer Hofmannsthal erkennen und verstehen will, muß immer beides zusammenhalten, die dichterischen Werke im engeren Sinne, also Gedichte, Dramen, Erzählungen, und die Aufsätze, die erfundenen Gespräche, Briefe, Reden und Ansprachen. Sie gehören zusammen wie das Ein- und das Ausatmen des Menschen, sie bilden – sich ergänzend – Hofmannsthals Gestalt, von der so viel Bezauberung, aber auch eine nicht zu übersehende Kraft der Erhebung und Beglückung, der seelischen und geistigen Bereicherung ausgeht. Sie bilden eine Atmosphäre um den Dichter, in die eintretend wir selbst geformt und gebildet und an den besten Teil unseres Selbst erinnert werden.

Zunächst war Hofmannsthal noch immer ein Suchender, freilich war die Form seines Suchens auch ein Angezogenwerden von Sphären und Stoffen, für deren Gestaltung in ihm selbst eine Bereitschaft lag. Es entstanden so drei Dramen, mit denen Hofmannsthal die große Bühne zu erobern suchte: „Elektra" (1904), „Das gerettete Venedig" (1905) und „Ödipus und die Sphinx" (1906). Das waren Umgestaltungen antiker Stoffe und die Neugestaltung eines Dramas des Engländers Thomas Otway aus der Shakespeare-Zeit.

Es liegt nahe, die Dramen Hofmannsthals mit den antiken Vorlagen und der Erneuerung antiker Dichtung im Zeitalter der deutschen Klassik zu vergleichen. Wer dies versucht, erkennt, daß Hofmannsthal es unternahm, das Schicksal der Seele zu gestalten. So ist „Elektra" keine Tragödie im klassischen Wortsinne, sondern ein großartig-düstres Gemälde einer erschütterten Seele, der machtvolle Gesang, in dem sich übermenschliche Qualen, dämonisches Verlangen enthüllen. So ist „Ödipus" die Verknüpfung vieler Schicksalsfäden zu einem großen Netz, in das verwirrt Ödipus keinen Ausweg findet. War die Erneuerung der antiken Mythen im Zeitalter der deutschen Klassik bestimmt durch das Bekenntnis zur Humanität, so ist Hofmannsthals Erneuerung charakterisiert durch das Bekenntnis zum Leben mit all seinen Abgründigkeiten. Die Anschauung des Griechentums unter dem Gesichtspunkt edler Einfalt und stiller Größe ist zerbrochen zugunsten einer Gestaltung des Lebens, wie es sich entfaltet unter dem Kampf des Menschen mit dem Dämon in der eigenen Brust, dem Schicksal. Das ist das Neue, was Hofmannsthal dem deutschen Theater gab. Freilich, so neu und gewissermaßen revolutionär wie es erscheinen mag, war es wiederum nicht. Vielmehr geht von hier aus wie eine verborgen fließende Ader ein Strom über Nietzsche auf Kleist zurück. Hofmannsthal selbst hat diese drei Dramen später immer wieder nur als einen Durchgang zu seiner eigenen Form betrachtet.

In diese Jahre gehören auch die mannigfaltigen Prosaarbeiten, vor allem „Das Gespräch über Gedichte", der Vortrag „Shakespeares Könige und große Herren", die „Unterhaltung über die Schriften von Gottfried Keller", „Die Briefe des Zurückgekehrten", die große Studie über „Balzac" und endlich die Einleitung zu „Tausendundeine Nacht". Hätte Hofmannsthal nichts als diese Aufsätze, Reden, imaginären Briefe und Gespräche geschrieben, müßte ihm Unsterblichkeit sicher sein. Hier schreibt ein Dichter eine Sprache, wie sie seit Goethe und ein paar wenigen großen Prosaisten des neunzehnten Jahrhunderts, vor allem Jakob Grimm, nicht mehr geschrieben worden war. Es wäre gewiß ein Irrtum, berauschten wir uns, wie es oft geschieht, nur an der Schönheit dieser Sprache; sie ist zwar die Form, in der sich ein Gehalt darstellt, der in der zeitgenössischen Literatur an Tiefe und Weite wenig seinesgleichen besitzt. Wir dürfen aber auch nicht sagen, es sei nur ein reiches und weites Wissen, über das Hofmannsthal verfügt, es kommt ein Mehr hinzu. Das Wissen, das er sich durch seine Studien und seine umfassende Lektüre angeeignet hat, wird ergänzt durch ein Wissen, das ihm angeboren scheint. Wenn er von Menschen der Vergangenheit schreibt, ihre Werke zu verstehen und zu deuten unternimmt, geschieht dies auf eine Weise, als habe er mit ihnen gelebt. Wir sind versucht, von Anamnesis, das heißt von Wiedererinnerung im Sinne Platons zu sprechen, sie scheint in ihm lebendige Gestalt gewonnen zu haben. Einmal hat er dies in einem Gedicht angedeutet:

> Ganz vergessener Völker Müdigkeiten
> Kann ich nicht abtun von meinen Lidern
> Noch weghalten von der erschrockenen Seele
> Stummes Niederfallen ferner Sterne.

Die Gegenstände, von denen diese Aufsätze handeln, sind vielfältig. Wie angedeutet, stehen Betrachtungen und Deutungen von Kunstwerken im Vordergrund, aber es gehören auch die schönen Prosastücke „Sommerreise“, „Erinnerung schöner Tage“, die köstliche Betrachtung über „Gärten“, das geheimnisvoll-tiefe Gespräch „Furcht“ und das wundervolle Prosastück „Die Wege und die Begegnungen“ in diese Reihe. Aus allen Arbeiten tritt uns das geistige Antlitz des Dichters entgegen. Da und dort spüren wir in ihnen eine Vorahnung des Kommenden. War es doch Hofmannsthal lebenslang gegeben, Kommendes vorauszuspüren. Mit den Jahren wuchs dieses Gefühl dergestalt, daß ihn immer häufiger Furcht und Angst befallen konnten, daß Depressionen über ihn kamen. Dabei war er nicht einsam. Die Freunde begleiteten seinen Weg, zu den Genannten traten neue, so der Dichter und Philosoph Rudolf Kassner und der Philosoph Rudolf Pannwitz, zu den gebildeten Weltleuten gesellte sich Eberhard von Bodenhausen, den er später in einem Brief an Carl J. Burckhardt „meinen unersetzlichsten Freund, den reichsten, edelsten Menschen meines ganzen Lebenskreises“ nennt. Mit ihnen allen führt er Gespräche, wechselt er Briefe, die uns heute zeigen, wer er war und wer er nicht war. Nicht ein Träumer und müder Ästhet, sondern ein Mann, der die Forderungen des Lebens kannte und sich ihnen stellte, der es mit seinen Pflichten ernst nahm, der nicht beiseite schlüpfte, der es nicht verschmähte, unmittelbar in die Geschicke der Zeit einzugreifen, so als er auf d'Annunzios „Neunte Canzone“, ein Schmäh- und Haßgedicht, antwortete.

Wir finden ihn in diesen Jahren viel auf Reisen in

die europäischen Hauptstädte, hier Menschen aufsuchend und mit Menschen ins Gespräch kommend, von denen er wußte, daß sie für die Erhaltung der europäischen geistigen Kontinuität wichtig waren.

Manchmal will es uns erscheinen, als sei Hofmannsthal in diesem Lebensabschnitt von einer gewissen Ruhelosigkeit befallen worden. Wir möchten meinen, er habe geahnt, was heraufzukommen drohte und wollte deshalb noch wirken, so lange es Tag war. Zu den wichtigsten Erlebnissen dieses Jahrzehnts gehört indessen ohne Zweifel die im Jahre 1908 mit Harry Graf Kessler und Aristide Maillol unternommene elftägige Griechenlandreise. „Diese Reise gibt mir", so schrieb Hofmannsthal am 11. Mai 1908 aus Athen an die Fürstin Marie Thurn und Taxis, „zum erstenmal im Leben das Gefühl, wirklich zu reisen. Das Fremde, das absolut Fremde, fremdes Licht, fremde Luft, sowie man von der Straße abweicht, fremde Menschen – ich bin sehr glücklich, dies endlich einmal kennengelernt zu haben. Dies ist wohl der einzige Fleck in Europa, wo man es noch kann. Dies Land, mit allen seinen sublimen, zerbrochenen Steinen und den Mythen und Legenden, die an jedem Baum und jeder Höhle hängen (der Weg, den wir gestern nachmittags geritten sind, führte genau von dem Kreuzweg des Ödipus bis zur Höhle des Trophonius), – dieses Land ist zu alledem kein Land der Vergangenheit wie Italien, dazu ist es zu geheimnisvoll gegenwärtig, zu leer (es ist fast leer, Tage um Tage wandert man an keinem Gehöft vorüber), zu vierge, man ist wie außerhalb aller Zeit. Manch kleiner Ritt von Tagen kann aufgebaut sein wie eine Symphonie: ein Ankommen in einer stillen, zauberhaften, lyraförmigen Bucht, abends; ein Hinauffahren nach Delphi, wo man den Sternen wirklich näher ist als irgendwo auf der Welt; dann eine Nacht in einem zauberhaften Kloster – wann, liebe Fürstin, werd' ich Ihnen von dem allen erzählen?"

Später hat er in den drei Prosastücken „Augenblicke in Griechenland" die Erinnerungen an das hier Erlebte festgehalten. In zwei Jahrhunderten ist sehr viel Schönes, Einsichtsvolles und Gültiges über Griechenland geschrieben worden, die Seiten aber, die Hofmannsthal uns schenkte, gehören zum Schönsten, mehr noch, sie zeigen uns, wie der Dichter dieses Land erlebte, wie für ihn das Gegenwärtige und das Vergangene zu einer Einheit zusammenflossen und wie er hier den Göttern begegnete. Sie zeigen aber auch ihn selber, den Menschen und den Dichter, der in seinen vollkommensten Gebilden eine Einheit war. „Und indem ich mich immer stärker werden fühle und unter diesem einen Worte: Ewig, ewig! immer mehr meiner selbst verliere, schwingend wie die Säule erhitzter Luft über einer Brandstätte, frage ich mich, ausgehend wie die Lampe im völligen Licht des Tages: Wenn das Unerreichliche sich speist aus meinem Innern und das Ewige aus mir seine Ewigkeit sich aufbaut, was ist dann noch zwischen der Gottheit und mir?“

Mit diesen Sätzen endet die dritte der Betrachtungen, die den „Statuen“ des Parthenon gewidmet ist.

Hofmannsthal war ein großer Reisender. Er ist, gemessen an manchem anderen Dichter seiner Zeit, nicht viel und nicht weit gereist, aber er ist gut gereist. Was er sah, ging tief in seine Seele ein und verband sich dort mit dem Erinnerten, dem Gewesenen. Es gibt herrliche Stücke von Reiseprosa, auch neben diesen „Augenblicken in Griechenland“, es gibt Schilderungen seiner Heimat in Briefen oder im Romanfragment „Andreas“, es gibt die Reiseprosa aus Nordafrika, und es gibt endlich eines der schönsten Reiselieder unserer Sprache:

Wasser stürzt, uns zu verschlingen,
Rollt der Fels, uns zu erschlagen,
Kommen schon auf starken Schwingen
Vögel her, uns fortzutragen.

Aber unten liegt ein Land,
Früchte spiegelnd ohne Ende
In den alterslosen Seen.

Marmorstirn und Brunnenrand
Steigt aus blumigem Gelände,
Und die leichten Winde wehn.

Darin ist alles gesagt, was ein Mensch sagen kann, der einer Landschaft wirklich begegnet, der sich ihr hingibt, der sie in sich aufnimmt.

Es wäre ein Irrtum, einen Dichter anderswo zu suchen als in seinem Werk, und doch ist es uns ein Bedürfnis, immer wieder nach dem Menschen zu fragen, der hinter der Dichtung steht, der durch das Hervorgebrachte sichtbar wird. Wir wünschen uns, daß Werk und Mensch sich nicht voneinander unterscheiden, und wir wagen zu sagen, daß wir es als ein Zeichen besonderer Begnadung betrachten, wenn wir im Menschen den Dichter wieder erkennen dürfen, den wir im Werke lieben lernten. Wir glauben, daß es zur Aufgabe eines Dichters gehört, sein Menschentum zu immer größerer Reinheit und Vollkommenheit hinaufzuläutern, so wie es die großen Dichter uns vorgelebt haben. Viele Zeugnisse sind uns überliefert, die zeigen, wie der Mensch und der Dichter sich in Hofmannsthal auf eine beglückende Weise trafen.

Er war gewiß kein einfacher Mensch, es gab in seiner Natur viele Schichten, wir könnten ihn kompliziert nennen, wenn nicht immer wieder Züge großer Einfachheit zutage treten würden. Die Antinomien des Lebens waren ihm vertraut. In den unersetzlichen Notizen über sich selbst „Ad me ipsum" sagt er: „Zwei Antinomien waren zu lösen: die der vergehenden Zeit und der Dauer – und die der Einsamkeit und der Gemeinschaft. Ohne Glauben an die

Ewigkeit ist kein wahrhaftes Leben möglich." Später schrieb er in einem Brief an Dora Baronin von Bodenhausen-Degener: „Meine Gedichte sind fast alle aus einer Zeit meines Lebens, der allereinsamsten, der zwischen meinem achtzehnten und einundwanzigsten Jahr. Mitten aus dieser Einsamkeit heraus, die merkwürdig stark war und immer wie außen war, sind diese Gedichte entstanden – sie rufen ihre Liebe an das Dasein über diesen Gürtel von Einsamkeit hinüber – jetzt aber ist diese Zone von Einsamkeit nicht mehr da, es ist überall die Liebe verteilt, wenn auch noch in sehr unzulänglicher Weise, aber doch verteilt – und ich bin um vieles unvergleichlich glücklicher als damals."

Und in einem verwandten Sinne schreibt er: „Als junger Mensch sah ich die Einheit der Welt, das Religiöse, in ihrer Schönheit; die vielfältige Schönheit aller Wesen ergriff mich, die Kontraste, und daß alle doch aufeinander Bezug hatten. Später war es das Einzelne und die hinter der schönen Einheit wirksamen Kräfte, das ich darzustellen mich gedrungen fühlte, aber von dem Gefühl der Einheit ließ ich nie ab."

Damit sind Züge in Hofmannsthals Wesen angedeutet. Daß er mit höchst empfindlichen Nerven begabt war, erfahren wir immer wieder, so erschrak er vor manchen Menschen und mied den Umgang mit ihnen. Er war anfällig und empfindlich gegenüber Veränderungen in der Atmosphäre, in seinen Briefen taucht die Klage darüber immer wieder auf. An Georg, Freiherrn zu Franckenstein schreibt er: „An der Art, wie ich in der Früh' den Duft des jungen Grüns und der Kastanienblüten mehr oder weniger spüre, kann ich voraus wissen, ob ich an dem Tage werde gut oder schlecht arbeiten können." Aber wir müssen so wie im Werke diese vielen einzelnen Züge zusammensehen, um das Ganze zu erkennen, nach dem er lebenslang strebte und das er in seinen besten Zeiten wie kein anderer besitzen durfte. Gelingt uns dies, wozu freilich Liebe und Bereitschaft der Hingabe gehört, dann steht vor uns ein reicher Mensch, von dem eine geheimnisvolle, aber starke Kraft, ein Zauber ausgeht auf die, welche fähig sind, eines solchen Zaubers teilhaftig zu werden. Die Freunde haben dies gefühlt. So schrieb Leopold von Andrian in seinen Erinnerungen an den Dichter: „Frei von allem Niedrigen waren unsere Gespräche, aber auch von allen Realitäten, selbst den wissenschaftlichen, insofern sie nicht dichterische oder geschichtliche Aspekte besaßen. Nichts Gemeines haftete dieser Freundschaft an. Doch war sie nicht kalt, nicht ästhetisierend, sie war auf gefühlsmäßige Zuneigung gegründet und wieviele Beweise menschlicher Teilnahme und Hilfsbereitschaft habe ich nicht vom Freunde im Laufe der Jahrzehnte empfangen!"

Schlagen wir die Briefe an Eberhard von Bodenhausen auf, so erleben wir unmittelbar die stets wache

Sorge des Dichters um den Freund, der in wechselnden Stellungen im tätigen Leben wirkte. Ergreifend klingt ein Satz wie dieser: „Wie einsam sind wir, und wie schön, daß wir einander haben. Ich möchte dich bitten: Stirb mir nicht." Hofmannsthal hatte von je eine große Hochachtung vor Menschen, die im tätigen Leben ihre Pflichten erfüllten, er bewunderte die Verbindung von klarem Denken und klarem Handeln. Tun und Denken, das war für ihn wie für Goethe eine Einheit, nach der er lebenslang verlangte. „Sie beide sind lügenlos, Sie beide reden die Wahrheit. Die Taten werden richtbar, wenn es Abend wird, und die Poesie enthält die Wahrheit der Dinge und das Gericht über die Dinge."

Wir werden noch davon zu sprechen haben, wie er selbst in den schweren Jahren Österreichs und Europas danach verlangte, ins tätige Leben hineinzuwirken. Man muß sich immer wieder wundern, wie es möglich war, daß man diesen Menschen einen weltfremden Träumer und einen Ästheten nennen konnte. Man müßte viele Briefe wiederholen, um von dem Menschen zu sprechen, der am Schicksal seiner Freunde teilnahm, der sich um sie sorgte und ihnen zu helfen versuchte, soweit er das nur vermochte. Einer möge für viele andere hier stehen. Er wurde am 1. August 1903 an Georg, Freiherrn zu Franckenstein gerichtet: „Wie stark steht es vor mir, wie Du mich einmal in der Nacht auf der Freiung gefragt hast: worin denn das besteht, was man den ‚Ernst des Lebens' nennt. Nun weißt Du es eben so gut wie ich, daß man darauf keine Antwort geben kann, daß man aber auch nicht trennen soll und darf zwischen dem ‚Ernst des Lebens' und dem ‚Leichten des Lebens', denn, wie man das täte, ist Ausschweifung da, Frivolität, innere Verderbnis. Wenn man aber den Ernst in die Freude hineinlegt, in das Suchen der Freude, in das Erkennen der Freude, in das Reinhalten der Freude, dann ist er nirgends zu fürchten, liegt nirgends wie eine finstere, drohende, lastende Masse aufgespeichert.

Sei sicher, daß größerer Reichtum, reinere und intensivere Harmonien des äußeren und inneren Glükkes noch vor Dir liegen, als hinter Dir. Denn Du selber wirst ein immer reiner, immer voller tönendes Instrument, dem das Schicksal immer weniger rauhe und schrille Töne entlocken kann, mag es darauf spielen wie es will. Und der Mensch ist das einzige Musikinstrument, das die Töne, die ihm entströmen, selber genießt.

Die stark gespannte, kühne Energie der frühen Jugend verglüht nicht zu Asche; sie setzt sich um in eine tiefere, breitere, still fließende Energie, ähnlich wie das Wasser der Traun lautlos und doch voll Kraft hinströmt, noch kraftvoller als oben, wo sie ein wilder, tosender, schäumender Bach war.

Solang ein lebender, fühlender Mensch nicht den Keim des Todes in sich gesetzt hat, der dann um sich frißt – Du hast ihn mit wenigen Worten richtig bezeichnet: Frivolität, Bequemlichkeit, Mißgunst – solang wird er nur stärker und stärker, und wunderbar ist es, wie sich seine Kraft gerade aus seinen Schmerzen ernährt, aus den trüben Wochen, den leeren Stunden, den oft fürchterlichen Stunden, wo man daliegt wie ein Schiff auf den Klippen des Lebens und kein Lufthauch sich rührt."

Alle diese Briefe Hofmannsthals sind im Grunde Briefe, die das Gespräch, das er meisterlich zu führen verstand, ersetzen oder fortsetzen. Wir spüren aus einem jeden den Empfänger heraus. Er schreibt anders an Rudolf Alexander Schröder als an Rudolf Borchardt, anders an Arthur Schnitzler als an Rudolf Kassner, anders an Eberhard von Bodenhausen als an Carl J. Burckhardt. Hofmannsthal denkt stets an den Empfänger. Keiner seiner Briefe ist ein Monolog, keiner spricht ins Leere. Und für die einfachsten Tatsachen findet er noch glückliche, oft zauberhafte Formulierungen.

So sehen wir heute Hofmannsthal, wie er sich im ersten Jahrzehnt dieses Jahrhunderts darstellt. In diesem Jahrzehnt veränderte sich viel. Im Gefüge der Staaten drängten neue Kräfte nach vorne, die soziale Frage wurde brennender und dringender, die Bindungen der verschiedenen Völkerschaften in der österreich-ungarischen Monarchie wurden lockerer. Im Leben der Kunst herrschten die Bewegungen, die wir heute mit den Begriffen des Impressionismus und des Jugendstils zu bezeichnen pflegen. In der Philosophie gewann eine Strömung, die von Wilhelm Dilthey ausging, mehr und mehr an Boden, es war die Lebensphilosophie; die Geisteswissenschaften erlebten eine hohe Blüte. Sigmund Freud trat mit seinen ersten Schriften hervor und öffnete dem Verständnis des Menschen, vor allem der Erkenntnis der in den Seelentiefen der Menschen schlummernden Kräfte, neue Wege. Es waren viele geistige Kräfte, die sich in diesen Jahren vor dem Einbruch der großen Katastrophe gegen den Materialismus und Naturalismus des ausgehenden neunzehnten Jahrhunderts erhoben. Hofmannsthal stand inmitten dieser Geistesströme, er registrierte die Veränderungen, die sich Jahr um Jahr zeigten, er feierte, was ihn ergriff und bewegte. Wir lesen seine Schilderung einer Begegnung mit Wilhelm Dilthey und finden in den Erinnerungen an den jungen Philosophen Raoul Richter ein Zeugnis für die Weise, wie ihn ein Mensch beglücken konnte, in dem er das Geheimnis des Menschlichen fand, nach dem zu suchen er nie aufhörte. Wie sah er den Menschen zusammen mit der Lebenssphäre, in der er auf ihn traf! Wie ist in dem Erinnerungsblatt für Raoul Richter die Landschaft gegenwärtig, wie die Stunden des Abends und des Morgens. Welch ein Glück bedeutet es für uns, teilhaben zu können an dieser Begegnung! Und wie ist in eine solche Begegnung die Vergangenheit, wie ist hier Goethe und Hölderlin eingeschlossen!

Trotzdem bekannte Hofmannsthal im letzten Jahrzehnt seines Lebens Carl J. Burckhardt gegenüber: „Meine schwerste Zeit, das Jahrzehnt nach meinem sechsundzwanzigsten Altersjahr."

Wir können uns fragen, ob der Dichter nicht ein wenig undankbar erscheint, wenn er diese Worte ausspricht. Dem ist nicht so. Gewiß hatte er manche äußeren Erfolge errungen, er konnte wirken und hat gewirkt, er fand den Weg heraus aus der Präexistenz zur Existenz, das heißt zum verantwortlichen Wirken auf vielen Ebenen des Lebens, er durfte drei große Dramen schaffen, die freilich nicht die Beachtung fanden, die er sich hätte wünschen müssen. In Wahrheit aber spricht aus Hofmannsthals Bekenntnis die Erinnerung an die schweren Jahre, in denen er unter Aufbietung großer seelischer und geistiger, gewiß auch körperlicher Kräfte zu sich selbst fand, das will sagen, in denen er die Brücke schlug aus jenem „glorreichen, aber gefährlichen Zustand" der Präexistenz in eine Welt, in der ihm die Lebenswirklichkeit auf eine oft bedrohende Weise entgegentrat.

Die große Wendung zu einem neuen Lebensbereich war aber gegeben durch den Weg des Dichters zum Lustspiel. Das mag merkwürdig erscheinen, wo doch bisher fast alles in seiner Natur zur Tragödie, zum Tode hindeutete. Wir tun gut, uns noch einmal daran zu erinnern, welch starke Zuwendung der Dichter von seinem siebzehnten Lebensjahr an zum Tod hatte. Man kann es nicht anders deuten, als daß er diese Gemeinschaft mit dem Tod lebenslang in sich trug. Welcher junge Dichter hätte so wie er in den jungen Jahren das Mysterium des Todes zu gestalten vermocht, wie es in den Kleinen Dramen fast überall geschah! Diese Gemeinschaft mit dem Tod blieb ihm lebendig bis in die Stunde des eigenen Todes, in der die Dichtung Leben und das Leben Dichtung wurde.

III

Für Hofmannsthal, den Österreicher, den Wiener, war das Theater ein Lebensbereich, dem er sich durch seine Teilhabe an der großen Überlieferung zuinnerst verbunden wußte. Das Spiel auf der Bühne war ihm mehr als Unterhaltung und Zerstreuung, es hing für ihn zusammen mit dem Spiel der Welt, wie es in den großen Mythen und Allegorien des Mittelalters ausgeformt wurde. „Daß die Welt ein Schaugerüst aufbaut, worauf die Menschen in ihren von Gott ihnen zugeteilten Rollen das Spiel des Lebens aufführen“, wisse, wie der Dichter im Vorwort zum „Salzburger Großen Welttheater“ schreibt, jedermann. Das kann nur ein Österreicher sagen, in dem die Überlieferung zu den mittelalterlichen Spielen, wie sie überall vor dem Volk aufgeführt wurden, aber auch zu Calderon, lebendig war.

Daß ihm aber nicht nur das ernste Schauspiel und die Tragödie in diesem Sinne nahe kam, daß ihm vielmehr auch das Lustspiel bedeutsam werden mußte, erklärt sich wiederum aus seinem Österreichertum. Da waren Raimund und Nestroy, da waren die schon erwähnten Fastnachtsspiele, wie sie dem Volke überall gegenwärtig waren. Sie in neuer Form wieder aufleben zu lassen, schien ihm eine Notwendigkeit. So kam Hofmannsthal zum Lustspiel, und der Weg zu ihm war für ihn gleichzeitig eine Form der Zuwendung zur Lebenswirklichkeit. Manche haben Hofmannsthal diesen Weg verübelt, sie kamen von der vorgefaßten Meinung nicht los, der Dichter der Kleinen Dramen müsse auf dem einmal beschrittenen Weg weitergehen. Richard Alewyn schreibt mit Recht: „Und so konnte man weit und breit hören, Hofmannsthal habe sein Dichtertum verraten, oder seine Kraft sei versiegt. Keiner aber wollte sehen, daß, was Verrat oder Erschöpfung schien, das genaue Gegenteil war: zwar ein Opfer, aber eine Befreiung, zwar eine Umkehr, aber eine Heimkehr, das erste tiefe und bewußte Eintauchen in den Grund seines dichterischen Daseins: das österreichische Erbe."

Um dieses österreichische Erbe ging es ihm, je länger, je mehr, es war eine Wiedererinnerung an seine Herkunft, und es war zum anderen eine Zuwendung zum Menschlichen in seinen vielen Formen. Zu den Eigentümlichkeiten Hofmannsthals gehört es, daß er immer wieder betont, wie er selbst ein Mensch bleiben durfte, obgleich er ein Dichter sein mußte. „Ein Dichter zu sein, ist eine Sache, gegen die man sich nicht helfen kann. Aber es wäre mir leid, wenn ich deswegen kein Mensch wäre (woran ich jetzt nicht mehr zweifle, hatte aber etwas böse Phasen mit diesem Zweifel)", schreibt er im Jahre 1907 an den Jugendfreund Stefan Gruß. „Ich möchte nichts in mir stärken, was mich von den Menschen absondert", steht in den „Briefen des Zurückgekehrten", denen in hohem Maße autobiographische Bedeutung zukommt. Oder noch deutlicher: „Ich habe darüber, daß ich ein Dichter bin, nicht aufhören müssen, ein Mensch zu sein, das ist mein unermeßliches Glück – und der Mensch in mir ist nicht einsam, ist reich an Freundschaft, an Liebe und fast über sein Vermögen beglückt." Dies lesen wir in einem Brief an Rudolf Borchardt aus dem Jahre 1912. Wir führen diese Zeugnisse an, weil wir zeigen möchten, wie irrig alle Urteile waren, die Hofmannsthal eine Distanz vom Menschlichen vorwarfen. Wir führen sie auch an, weil sie klarstellen, wie glücklich Hofmannsthal darüber war, daß er, im Gegensatz zu George und auch zu Rilke, den Weg gefunden hatte zu den Menschen.

Aus dieser Haltung heraus sind seine Lustspiele zu erklären. In ihnen herrscht das Menschliche vor, in ihnen steht der Mensch dem Menschen gegenüber, in ihnen hat er das Verhältnis von Ich und Du auf eine

Weise dargestellt, daß es von der Bühne auf die Menschen wirken konnte. Die Reihe der Lustspiele wird mit „Cristinas Heimreise" (1907) eröffnet und erlebt ihren ersten Höhepunkt in der Komödie für Musik „Der Rosenkavalier" (1910). Es ist schwer verständlich, wie manche Menschen es dem Dichter nicht verzeihen können, daß er den Weg zur Oper fand und ging. Wäre ihm nichts gegeben worden als dieses große Gedicht, in dem die Seele Österreichs auf eine unvergleichliche Weise Gestalt wurde, man müßte dankbar seiner gedenken. Hier haben sich Heiterkeit und Anmut, Freude des Lebens und Melancholie auf eine Weise ineinander verschlungen, wie wir dies nur noch in der großen Musik Mozarts wiederfinden. Man hat den „Rosenkavalier" zu Mozarts „Hochzeit des Figaro" in Bezug gebracht. Vergleiche haben etwas Verlockendes, ihnen wohnt aber auch etwas Gefährliches und Verwirrendes inne. Ohne Zweifel ist diese Dichtung Hofmannsthals zu den großen Meisterwerken zu zählen, die ihm gelungen sind. Hier ist ihm gegeben worden, ein Stück Welt so zu gestalten, wie es vor seiner Seele stand; es war seine Welt, das alte Österreich der Kaiserin Maria Theresia. Die Gestalten sind Zeitgenossen der großen Fürstin, der er auf eine würdige Weise während der Kriegsjahre in einem seiner schönsten Prosastücke ein Denkmal errichtete. Die Gestalten sind aber auch Menschen, die wie wir ihre Schicksale zu tragen haben, die lieben und geliebt werden, die leben wollen und verzichten müssen. Es sind Hofmannsthal'sche Probleme, die hier Gestalt gewonnen haben. Greifen wir nur eines auf, das Problem der fließenden und verrinnenden Zeit, und hören wir, was die Marschallin darüber zu sagen hat:

Die Zeit im Grund . . ., die Zeit,
Die ändert doch nichts an den Sachen.
Die Zeit, sie ist ein sonderbares Ding.
Wenn man so hinlebt, ist sie rein gar nichts.
Aber dann auf einmal,
Da spürt man nichts als sie:
Sie ist um uns herum, sie ist auch in uns drinnen.
In den Gesichtern rieselt sie, im Spiegel da rieselt sie,
In meinen Schläfen fließt sie.
Und zwischen mir und dir da fließt sie wieder.
Lautlos, wie eine Sanduhr.
Manchmal hör ich sie fließen unaufhaltsam.
Manchmal steh ich auf, mitten in der Nacht
Und laß die Uhren alle stehen.

Solche Verse rühren wie die frühen Gedichte an eine Seite des Weltgeheimnisses, sie rühren an eines der großen Rätsel, dem Hofmannsthal lebenslang nachging, wir werden ihm in späteren Werken immer wieder begegnen. Wer wollte die Schwermut überhören, die über der Heiterkeit liegt, wer die Gestalten vergessen, die noch heute, nach mehr als fünfzig Jahren, in einer völlig veränderten Welt, ihr eigenes Leben führen dürfen?

Hier ist der Zusammenarbeit mit Richard Strauß zu gedenken. Zwei große Künstler, Menschen, sehr verschieden nach ihrer menschlichen Art und ihrer geistigen Haltung, verschieden nach ihrem Charakter und ihrer Einstellung zur Kunst, haben sich zusammengetan zu gemeinsamem Wirken. Auch darüber wurde Klage geführt. Es wurde davon gesprochen, wie der Dichter vergewaltigt worden sei durch den Musiker, wie er sein bestes Selbst verleugnet habe. Gewiß haben die beiden Männer oft genug Gegensätze ausgleichen müssen; gewiß war Strauß, robust und lebensnah, mit dem, was man Theaterwirksamkeit nennt, vertrauter, aber die Briefe zeigen, daß sich Hofmannsthal zu verteidigen wußte, wo es nottat, daß er standhaft blieb, wo es um wesentliche Gesichtspunkte im Dichterischen ging. „Das sind ja für mein Gefühl wahrhaft scheußliche Dinge, die Sie mir da proponieren, und könnten einen für lebenslang abschrecken, Librettist zu werden, das heißt nicht irgendeinen, sondern gerade mich.“

Es spricht für Hofmannsthals menschliche Größe, daß er durch mehr als zwei Jahrzehnte die Bindung an den Musiker festhielt, auch in den Stunden, in denen es ihn Mühe kostete. In einer Welt und Zeit, die so leicht und rasch Bindungen auflöst, Verpflichtungen aufgibt, war er, und das entspricht zuinnerst seiner Natur, bemüht, in den verschiedensten Lebenssphären Bindungen zu erhalten und zu pflegen, so auch in dieser. „Als etwas Großes und auch Notwendiges in meinem Leben erscheint mir dies, daß Sie mit Ihrem Wunsch und Bedürfnis an mich herantraten. Es lag in mir vorgebildet, daß ich diesen Wunsch – innerhalb der Grenzen meines Talentes – erfüllen könne und daß diese Erfüllung mir wiederum ein inneres Bedürfnis stillen sollte. Vieles, das ich in aller Einsamkeit der Jugend hervorgebracht hatte, völlig für mich, aber selbst an Leser kaum denkend, waren phantastische kleine Opern und Singspiele – ohne Musik. Durch Ihre Wünsche dann war ein Ziel gegeben und doch die Freiheit nicht eingeengt." Das war Hofmannsthals Meinung von der Zusammenarbeit. Sie findet ihren Widerhall in einem Satz von Richard Strauß: „Daß es Ihre Worte waren, die aus mir das Schönste, was ich an Musik zu geben hatte, herausgeholt haben, darf Ihnen eine schöne Befriedigung gewähren."

Die beiden Künstler haben eine Reihe bedeutsamer Werke für die deutsche Bühne geschaffen, so im Jahre 1911 „Ariadne auf Naxos", 1919 „Die Frau ohne Schatten", 1928 „Die Ägyptische Helena" und endlich 1929 „Arabella". Das sind Werke verschiedener künstlerischer Vollendung, verschieden auch in der Wirksamkeit auf der Bühne. Der Schatz unseres Erbes aber wäre um wesentliche Stücke ärmer, fehlten uns diese Werke der Zusammenarbeit zweier außerordentlicher schöpferischer Menschen. Rufen wir uns in Erinnerung, welch dürftige Texte Mozart zur Verfügung standen, so vermögen wir zu ermessen, was Hofmannsthal, der diese Arbeit nach Art seines Wesens besonders ernst nehmen mußte, hervorgebracht hat. Überdies gehört der Briefwechsel der beiden Künstler zu den wichtigsten Dokumenten im Leben beider, darüber hinaus stellt er ein Zeitdokument hohen Ranges dar.

In demselben Jahr, in dem „Der Rosenkavalier" erschien, wurde auch eine andere dramatische Arbeit Hofmannsthals veröffentlicht und aufgeführt: „Jedermann" / Vom Leben und Sterben des reichen Mannes. Das war eine Neugestaltung des im 15. Jahrhundert in England aufgezeichneten Everyman-Spiels. Der Dichter schrieb darüber in einem Prosastück, „Das alte Spiel von Jedermann": „Die deutschen Hausmärchen, pflegte man zu sagen, haben keinen Verfasser. Sie wurden von Mund zu Mund weitergegeben, bis am Ende langer Zeiten, als Gefahr war, sie könnten vergessen werden oder durch Abänderungen und Zutaten ihr wahres Gesicht verlieren, zwei Männer sie endgültig aufschrieben. Als ein solches Märchen mag man auch die Geschichte von Jedermanns Ladung vor Gottes Richterstuhl ansehen. Man hat sie das Mittelalter hindurch an vielen Orten in vielen Fassungen erzählt; dann erzählte sie ein Engländer des 15. Jahrhunderts in der Weise, daß er die einzelnen Gestalten lebendig auf eine Bühne treten ließ, jeder die ihr gemäßen Reden in den Mund legte und so die ganze Erzählung unter den Gestalten aufteilte. Diesem folgte ein Niederländer, dann gelehrte Deutsche, die sich der lateinischen oder der griechischen Sprache zu dem gleichen Werk bedienten. Ihrer einem schrieb Hans Sachs seine Komödie vom sterbenden reichen Manne nach. Alle diese Aufschreibungen stehen nicht in jenem Besitz, den man als den lebendigen des deutschen Volkes bezeichnen kann, sondern sie treiben im toten Wasser des gelehrten Besitzstandes. Darum wurde neuerlich versucht, dieses allen Zeiten gehörige und allgemeingültige Märchen abermals in Bescheidenheit aufzuzeichnen."

Hofmannsthal zeigt dann, und das scheint mir bedeutsam für seine Lebensnähe, wie das Geld, statt ein Mittel zu sein, ein Zweck wurde. „Denn wir sind in der Enge und im Dunkeln, in anderer Weise als der mittelalterliche Mensch, aber nicht in minderem Grade; wir überschauen vieles, durchblicken manches, und doch ist die eigentliche Seelenkraft des Blickens schwach in uns; vieles ist uns zu Gebote, aber wir sind keine Gebieter; was wir besitzen sollten, das besitzt uns, und was das Mittel aller Mittel ist, das Geld, wird uns in dämonischer Verkehrtheit zum Zweck der Zwecke. Die neuere Zeit sieht mit einem anderen freieren gültigeren Blick auf den ‚Mammon' als die alten frommen Zeiten. ‚Ist nicht das Geld zum Beleben da?' fragt Novalis, aber es ist ein Jahrhundert seitdem hingegangen, und das Verhältnis zu diesem Dämon hat sich wiederum verdunkelt und verworren. Dieses Verhältnis durchzieht und durchsetzt alle übrigen des Daseins und es ist erschreckend, bis zu welchem Grade es sie alle bestimmt."

Diese Einsicht und diese Voraussicht war es, die Hofmannsthal bestimmte, den Stoff zu bearbeiten. Daß er in diesen Jahren ein solches Thema aufgreifen und gestalten konnte, deutet an, wie tief er in seinem Innersten nicht nur mit der Zeit vertraut war, sondern etwas von dem Kommenden, von den großen Bedrohungen vorausfühlte. An sie aber wagten damals nur wenige zu denken. Auch in den Briefen tauchen jetzt immer häufiger ähnliche Gedanken und ähnliche Sorgen auf. Wir sollten in dieser Hinsicht vor allem die „Briefe eines Zurückgekehrten" lesen. Auch die politische Situation bereitet ihm Sorge. An seinen Freund Bodenhausen schreibt er 1912: „Wir gehen einer dunklen Zeit entgegen ... Das Innere ist das furchtbare Problem. Die südlichen Slaven, nicht nur die Serben, auch die Croaten, in halbem Aufruhr, die Böhmen tückisch lauernd mit gefletschten Zähnen – Galizien, der ruthenische Teil, unterwühlt von russischen Agitatoren ... und im Innern halb Indolenz, halb Kopflosigkeit, die Probleme zu verwickelt, zu gordisch verflochten, Bravheit hie und da, aber auch diese ohne rechten letzten Glauben ..."

Klar und unüberhörbar aber heißt es in der Einleitung zu der Ausgabe „Deutsche Erzähler", die 1912 erschien: „Die Zeiten sind ernst und beklommen für die Deutschen, vielleicht stehen dunkle Jahre vor der Tür. Vor hundert Jahren waren auch die Jahre dunkel, und doch waren die Deutschen innerlich nie so reich wie im ersten Jahrzehnt des 19. Jahrhunderts, und vielleicht sind für dies geheimnisvolle Volk die Jahre der Heimsuchung gesegnete Jahre.

Unser Volk hat ein schlaffes Gedächtnis und eine träumende Seele, trotz allem; was es besitzt, verliert es immer wieder, aber es ruft sich nachts zurück, was es am Tage verloren hat. Den Reichtum, der ihm eignet, zählt es nicht und ist fähig, seiner Krongüter zu vergessen, aber zuzeiten sehnt es sich nach sich selber, und niemals ist es reiner und stärker als in solchen Zeiten."

Das wurde anderthalb Jahre vor Ausbruch des Ersten Weltkriegs geschrieben. Sorge sprach aus diesen Zeilen, aber auch Hoffnung, der Glaube an die Zukunft der Nation war noch nicht erschüttert. Die Aufgaben jedoch kündeten sich an, die der Dichter sich in den kommenden Jahren stellen wollte. Daß er sie unter ganz anderem Sternenstand lösen sollte, konnte er kaum ahnen.

Bereits am 26. Juli 1914 erhielt Hofmannsthal seine

Einberufung zu einem Landsturm-Feldregiment, das nach Istrien ausrückte. Im August jedoch wurde er nach Wien zurückberufen, um in verschiedenen Stellungen und Aufträgen seinem Vaterland zu dienen. Schließlich waren es bestimmte politische und diplomatische Missionen, die Hofmannsthal zu erfüllen hatte. Für uns bleibt es bedeutsam zu sehen, wie früh der Dichter erkannte, um was es in diesem Krieg ging. Er bekannte sich klar und unzweideutig zu seinem Vaterland Österreich-Ungarn, er sah aber auch, daß Größeres, nämlich Europa, auf dem Spiele stand. In einer Zeit, in der der Begriff Europa noch kaum in der Weise gebraucht wurde wie heute, in der er vor allem noch nicht in dem Maße entwertet war wie in dieser Gegenwart, machte er ihn zum Thema von Vorträgen, die er in den Jahren 1916 und 1917 in Christiania, Stockholm und Bern hielt. Das ergreifende Bekenntnis, das Hofmannsthal am Schlusse seiner Aufzeichnungen für diese Reden ablegt, enthält gleichzeitig ein Bekenntnis zu seiner Heimat und zu seinem eigenen Schicksal. „Wo könnte eine Hoffnung dieser Art laut werden, wenn nicht auf schweizerischem Boden, auf dieser hochgespannten Brücke zwischen Nord und Süd und West und Ost, in diesem alten Bollwerk der Freiheit, dieser alten Kampfstätte der Geister? Wo denn anders als hier, wo immer das aus der Menschenbrust offenbarte Ewige zuhöchst gegolten hat, wo nie der Götzendienst der Zahlen, der Masse getrieben worden ist – und aus welchem Munde könnte diese Hoffnung sehnlicher und glaubensvoller dringen als aus dem Munde dessen, der zu Ihnen redet, eines Österreichers.

Wer sagt ‚Österreich', der sagt ja: tausendjähriges Ringen um Europa, tausendjährige Sendung durch Europa, tausendjähriger Glaube an Europa.

Für uns, auf dem Boden zweier römischer Imperien hausend, Deutsche und Slawen und Lateiner ein gemeinsames Geschick und Erbe zu tragen auserlesen, – für uns wahrhaft ist Europa die Grundfarbe des Planeten, für uns ist Europa die Farbe der Sterne, wenn aus entwölktem Himmel wieder Sterne über uns funkeln. Wir, nicht auf errechenbare Macht, nicht auf die Wucht des nationalen Daseins, sondern sehenden Auges auf einen Auftrag vor Gott gestellt, – wie sollten wir leben, wenn wir nicht glauben wollten, und was wäre des Glaubens würdiger als das Hohe, das sich verbirgt, und das Ungreifbare, das sich dem gebundenen Sinn, dem dumpfen Herzen versagt."

Die Art, wie sich Hofmannsthal während des Ersten Weltkriegs sowohl zu seiner Heimat, der österreichisch-ungarischen Monarchie, als auch zu einem visionär geschauten kommenden Europa bekannte, kann beispielhaft dafür gelten, wie ein Dichter hohen Ranges in den Stunden der Not seinem Vaterland zu dienen vermag. Unter den zahlreichen Aufsätzen, die zwischen 1914 und 1918 entstanden, befinden sich naturgemäß auch solche, die zeitbezogen sind, und andere, die sogleich Warnungen aussprechen wie: „Boykott fremder Sprachen?“ und „Unsere Fremdwörter“. Zeitlose Bedeutung aber kommt den Aufsätzen zu, die das Geschehen in schöpferischer Konzeption in die Geschichte Österreichs und Mitteleuropas einordnen, vor allem ist in diesem Zusammenhang an die Studien „Worte zum Gedächtnis des Prinzen Eugen“ (1914) und das unvergeßliche Bildnis „Maria Theresia“ (1917) zu erinnern, dazu gesellen sich Arbeiten wie „Die Taten und der Ruhm“ (1915), „Grillparzers politisches Vermächtnis“ (1915), „Österreichische Bibliothek“ (1915/16), „Österreich im Spiegel seiner Dichtung“ (1916) und endlich „Die österreichische Idee“ (1917).

Das sind Themen, wie sie sich die Gelehrten zu stellen pflegen. Hier aber gibt ein Dichter Antwort auf Fragen, welche die Zeit aufwirft, und es zeigt sich, daß dieser Dichter nicht nur ein umfassendes Wissen besitzt von dem, was war und was geschah, daß er vielmehr, und das unterscheidet ihn von den Gelehrten, dieses Wissen so lebendig, so bildhaft und klar darzustellen vermag, daß die Vergangenheit Leben gewinnt, daß der Geist Leben wird und das Leben Geist. Diesen Arbeiten eignet auch ein hoher pädagogischer Wert, dies freilich im subtilsten Sinne gemeint, allem Schulmeisterlichen enthoben, ganz eingebettet in den Strom des Lebens. Der Dichter stellt Gewesenes dar, so daß es bildend wirkt in einem Sinne, wie alles

Leben, das an uns herantritt und das wir in unser Innerstes aufnehmen, bildend zu wirken vermag.

Ich weiß nicht, ob die Deutschen bisher begriffen haben, welche Kostbarkeiten ihnen in diesen Prosa-Arbeiten Hofmannsthals gegeben wurden. Wenn der Dichter in seinem „Buch der Freunde“ über Goethe notiert: „Goethe kann als Grundlage der Bildung eine ganze Kultur ersetzen“, so möchte man, diesen Satz abwandelnd, sagen: Diese Prosaschriften Hofmannsthals und die, welche er im nächsten Jahrzehnt seines Lebens noch hinzufügte, können eine ganze Kultur ersetzen, sie sind berufen, Grundlage einer wahrhaft humanen Bildung zu werden. Diese Aufgabe haben sie noch in keiner Weise erfüllt, an uns und an den kommenden Geschlechtern wird es liegen, dies zu erkennen. Wenn irgendwo, so könnten die Deutschen hier erfahren, welch eine große und noble Kunst die Kunst des Essays darstellt. Es ist unbegreiflich, daß es den Menschen so schwer fällt, die Schönheit dieser Sprache und den tiefen Gehalt dieser Arbeiten mit gleicher Bewunderung zu empfangen, die sie den lyrischen, epischen oder dramatischen Dichtungen entgegenzubringen bereit sind.

Als das Verhängnis seinen Lauf nahm, als die Monarchie und damit das alte Österreich-Ungarn zu bestehen aufhörte, brach über den Dichter eine Macht herein, die nur schwer zu fassen und zu deuten ist. In ihm selbst zerbrach etwas, er verlor nicht nur die Fundamente seines Lebens, er spürte, daß mit der Zerstörung Alt-Österreichs etwas für die Welt dahin war, was in dieser Form nie mehr wiederkehren konnte, was dieser Welt aber auf immer fehlen würde. Sein eigener Lebensraum war vernichtet. Nur mit Aufbietung aller Kräfte vermochte er sich aufrecht zu halten. Alles, was im Äußeren geschah, traf ihn doppelt, insofern als ihm im Frühjahr des Jahres 1918 der nächste Freund, Eberhard von Bodenhausen, durch einen jähen Tod entrissen worden war. Das Schicksal freilich hat es gut mit ihm gemeint, als es ihm im Frühjahr 1919 einen Menschen schenkte, der an die Stelle Eberhard von Bodenhausens treten durfte. Es war der um fast zwanzig Jahre jüngere Schweizer Historiker und Diplomat Carl J. Burckhardt.

Mit ihm verband ihn bis in seine letzten Lebenstage eine Freundschaft, wie sie in gleicher geistiger Vertiefung und Reinheit selten zu treffen ist. Es hat etwas unendlich Erschütterndes und Rührendes, die von Zeit zu Zeit wiederholten Bitten nach Tagen der Gemeinsamkeit zu vernehmen, die der Dichter an den jüngeren Freund richtet. Nicht selten nehmen diese Bitten den Ton von Hilferufen an: „Lassen Sie mich doch Sie hier sehen! Lassen Sie nicht den Herbst hingehen, ohne daß wir miteinander hier einen Weg gemacht haben, auf einer Bank gesessen sind, zusammen die Sterne über uns gesehen haben. Freilich, verlieren können wir einander nicht, auch wenn wir uns jahrelang nicht sähen – aber es geschieht so selten, daß wir ein Wesen ganz in unser Leben hineinnehmen können, mit allem, was zu ihm gehört, so ists mir mit Ihnen widerfahren – nun ist mir bange um die verfließende Zeit, daß ich nicht wissen soll, wie Sie leben und was in Sie neu hineingetreten ist. Auch ist es mir gegen die Natur, daß Sie diese Landschaft nicht kennen, die für mein ganzes Leben entscheidend war." Diese Sätze stehen in einem Brief, den Hofmannsthal am 13. September 1921 aus Aussee schrieb, wo er alljährlich den Sommer und den Herbst zu verbringen pflegte. Mit Burckhardt spricht und korrespondiert der Dichter durch viele Jahre hin über den „Turm" und über viele Fragen, die ihn in diesen letzten zehn Jahren seines Lebens beschäftigt haben, und das sind, wenn man es recht besieht, fast alle großen Lebensfragen, von denen der bloßen Existenz in dieser Zeit bis hin zu den Themen der Religion und des Glaubens. Mit ihm wird auch das den Dichter immer wieder neu beschäftigende Problem der Kontemporänität beredet, und dies natürlich in bezug auf die Freundschaft: „Wie vieles, mein Lieber, und wie heimlich und tief, verbindet die, welche in diesem Leben zusammengehören.

Daß man es nur immer ganz fühlen könnte – und im Moment des Fühlens ganz sein Gefühl wieder hinüberwerfen zum Andern! Ich mußte in diesem Augenblick schnell, um eine Notiz in Ordnung zu bringen, die kleine Selbstbiographie von Bachofen aufschlagen

– ich kann Ihnen nicht sagen, wie mich das berührte – wie Sie mich daraus berührten. Ihr Basel, Ihres Vaters Leben, all dies Würdige, Werte, von Trauer durchzitterte, das durch Sie auch ein Teil meines Lebens geworden ist, all dies nicht mehr Haltbare – und doch: *ist* es nicht haltbar? – sind nicht wir es, die etwas davon, das Ungreifbarste und doch das Entscheidende halten werden? sind wir nicht dazu an jenes Geschlecht angeknüpft? Dies große Fragstück bewegt mich seit einiger Zeit in allen Stunden, in denen ich mir selbst gehöre: welche Bewandtnis es habe mit den Gleichzeitiglebenden, die einander wechselweise zum Schicksal werden – und wieder mit denen, die nacheinander leben, die unmittelbar aufeinander folgenden Generationen. Hier treten große Dinge an uns heran, wenn wir sie nur fassen können – und sei es in der Intuition, die im Raum eines Schlagens unserer Augenwimpern Platz hat. Von hier aus schöpfe ich auch den Mut, den ‚Turm' so entscheidend umzugestalten – ja es bedarf gar keines Mutes, ganz nüchtern erscheint es mir als das Aufgegebene, und die Durchführung steht klar vor mir."

Diese Sätze erinnern auf eine ergreifende Weise an einen Gedanken, den Hofmannsthal schon 1902 Schröder gegenüber äußerte: „Wir gleichzeitig Lebenden sind füreinander von einer geheimnisvollen Bedeutung." Der Briefwechsel Hofmannsthal – Burckhardt, der uns erhalten ist, stellt ein zeitlich-überzeitliches Denkmal ihrer Freundschaft dar, mehr noch: in ihm begegnen wir den wesentlichen Kräften und Mächten dieser Zeit. Hofmannsthal war ein Gebender ohne Zweifel, er war aber auch ein Empfangender, trat ihm doch in Burckhardt ein Mann aus einer Lebenssphäre entgegen, die erfüllt war vom Wissen um die lebendige Geschichte und ein höchst lebendiges Geisteserbe. Burckhardt hatte, und darin war er Hofmannsthal verwandt, ein reiches ererbtes Lebensgut in sich gesammelt, aus dessen Fülle er dem Dichter in diesen Jahren so viel mitteilte, wie ein Mensch dem anderen nur zu geben vermag. Er als der Jüngere vermochte die Zeit rascher, aber nicht weniger tief als der Dichter zu verstehen, und er konnte ihm so den Weg durch diese Jahre in manchem Sinn erleichtern.

IV

Hofmannsthal, erfüllt von einem hohen Verantwortungsgefühl und beseelt von dem Glauben, es müsse möglich sein, aus dem Zusammensturz Werte zu retten, mit denen eine neue Ordnung aufzubauen war, raffte alle ihm zu Gebote stehenden Kräfte zusammen, um an diesem Neubau mitzuwirken. Er stellte sich Aufgaben und folgte, wo immer man seiner bedurfte, jedem Ruf, der an ihn erging, wenn er nur in Einklang zu bringen war mit der geistigen Haltung, die ihm lebenslang zu eigen war. Sie war nicht eng und nicht starr, aber sie hatte ihre Grenzen, die nicht ungestraft überschritten werden konnten. Sie zu charakterisieren, müssen wir von seinem Bekenntnis zur Tradition sprechen, die er mit schöpferischen Kräften zu erneuern, zu erhalten und fortzuführen sich berufen fühlte. Alle die, die gebannt und fasziniert auf das Jugendwerk starren und noch heute so tun, als sei alles, was er später hervorgebracht hat, gering zu achten neben dem Früheren, sie vermögen nur selten dem gerecht zu werden, was Hugo von Hofmannsthal in diesen späten Jahren seines Lebens an gestalteten Dichtungen, an praktischem Wirken geleistet hat.

Der Schrecken war groß, von dem er ergriffen worden war, aber es bewährte sich nun die in zwei Jahrzehnten immer mehr gefestigte geistige und religiöse Haltung, die ihm gebot zu arbeiten, solange ihm die Kräfte blieben; es bewährte sich, was er in den Kriegsjahren aus dem Leid der Welt in sich als Kraft aufgenommen hatte. „Sind wir nicht am ärmsten, wo wir am gesichertsten, am reichsten, wo wir am gefährdetsten sind – kommt es nicht darauf an, immer aufs neue die Gefährdung aufzusuchen?“ lautete eine seiner Maximen. Aber die Gefährdung war nun wirklich groß geworden. „Welch eine Welt, in die wir geraten sind. Das nackte Gebälk tritt hervor und zittert bis in die Grundfesten“, konnte er schreiben. In Österreich, auf das sich diese Zeilen beziehen, war im Winter 1918/19 eine schwere Grippe-Epidemie ausgebrochen, die die Menschen wegraffte. In seinen Erinnerungen an Hofmannsthal hat Burckhardt diese Monate geschildert: „Ich fand Wien verhungert, schmutzig, lichtlos, im Zustand schwerer Hungersnot und überfüllt von Flüchtlingen aus Ostgalizien, bald auch aus Ungarn, wo Bela Kun seine kurze Herrschaft begann.

In wenigen Wochen erlebte ich das Auseinanderbrechen der Donaumonarchie, die Flucht des letzten Kaisers nach der Schweiz, die todesmatte Revolution, das unheimliche Zurückfluten der Riesenheere von der Front, und Tag und Nacht sah ich ohne Unterbrechung die russischen Soldaten, die, stumpf ergeben wie Viehherden, die zur Schlachtbank müssen, an meinem Zimmer in der Prinz-Eugen-Straße vorbei zum Bahnhof getrieben wurden, zur Rückkehr in die einstige Heimat. Es war die Zeit der großen Grippe-Epidemie; unter der heruntergekommenen, geschwächten Bevölkerung räumte die Seuche mühelos auf ... Was damals geschah, war nur der Auftakt des Jahrhunderts."

Der Grippe folgte die Inflation, die Hofmannsthals Vermögen hinwegnahm und ihn an den Rand des Nichts brachte. Wir müssen uns diese Situation ins Bewußtsein rufen, um zu begreifen, was es einen Dichter von der Art Hofmannsthals, dessen Gesundheit in diesen Jahren schon erschüttert war, kosten mußte, diese Zeit nicht nur zu bestehen, sondern in ihr auch zu arbeiten. Viele haben es sich damals, so wie auch nach dem Zweiten Weltkrieg, leicht gemacht, indem sie sich zu einem Nihilismus bekannten. Sie vergaßen, daß es zu allen Zeiten die Aufgabe des echten Dichters war, den Nihilismus zu überwinden, daß es ihm zukam und immer zukommen wird, die Quellen des Heils und der Heilung sichtbar zu machen. Das heißt nicht, den Dichter zum Moralisten machen, es heißt vielmehr, daran zu erinnern, wo sein Ort in Zeiten der Not ist. „Man muß sich nicht zum Complizen der dunklen Dinge machen“, schrieb Hofmannsthal.

Unmittelbar nach dem Krieg erschien zunächst eine Arbeit, die bis heute nur erst von wenigen erkannt und gewürdigt wurde: die Prosa-Erzählung „Die Frau ohne Schatten“. In einem Brief an Eberhard von Bodenhausen entschuldigt er sich fast, daß er sich inmitten des Krieges einer solchen Arbeit widmet. Es ist einer der schönsten Briefe, die Hofmannsthal an den Freund schrieb, in dem er in die Tiefen seines eigenen Lebens blickt, in jene Tiefen, aus denen er das Märchen heraufhob. „Es ist mir so hart, es zu sagen: Du rufst mich und ich kann nicht kommen – ich glaube, ich darf nicht kommen. Siehst Du, diese kurze Zeit ist vor mir, mich abzuschließen in Aussee, diese zwei Monate jetzt, um für mich zu arbeiten: ohnedies, sich-abschließen in dieser Welt, in diesem Durcheinandersturz des Ganzen, ist es nicht, als wenn ein Singvogel irgendwo am Fenster eines engen Hinterhofes hängend, singt und singt, indes schon das ganze Haus in Flammen steht? Ist es nicht so, wenn ich Dir heute sage: Laß mich, ich will das ‚Märchen‘ zu Ende schreiben? Und doch will ich, und so war es immer. Immer,

Eberhard, immer ist so das Schöne entstanden, das beruhigt und tröstet und Dir so friedlich erscheint. So ist, aus welcher Hölle jahrhundertelangen Mordens, von Insel zu Insel, und Brennens und Sengens und Fortschleppens in die Sklaverei, ist das Homerische Gedicht hervorgestiegen, glorreich und unbefleckt wie die Sonne – so ist, über welchen Leichenfeldern und Brandstätten, das Gedicht Dantes aufgegangen – und diese zarten Briefe Stifters, in denen die Welt so friedlich dazuliegen scheint, sie verdanken ja auch ihren Frieden dem reinen Willen der Seele, oder dem Glauben, der Liebe und der Hoffnung, diesen Dreien."

Der Dichter hat viele Jahre an dem Prosa-Märchen „Die Frau ohne Schatten" gearbeitet. Ohne Schwierigkeiten lassen sich von ihm Bezüge herstellen zu früheren Dichtungen, Bezüge auch zu kommenden Arbeiten. Auf die Weise, die dem Dichter gemäß ist, rührt Hofmannsthal hier erneut an die Geheimnisse des Lebens, an Liebe und Ehe, an Mutterschaft und Kindschaft, an das Opfer und die Hingabe, an die Lebensganzheit und wie sie der Mensch hier erreichen kann. Entscheidend ist die Art, wie dies geschieht. Es ist die Welt des Orients, die Welt der Märchen von Tausendundeine Nacht, über deren Gehalt der Dichter schon vor einem Jahrzehnt Gültiges geschrieben hatte, an die hier dichterisch gestaltend wieder angeknüpft wird. Bezüge lassen sich auch herstellen zu Goethes

Märchen und dem großen Romanfragment von Novalis. Das alles ist geschehen, aber wir kommen damit dem Wunder dieser Prosa kaum nahe, diesem Geflecht von Symbolik und Realistik, von Landschaft und Seelenlandschaft, von Seelischem und Sinnlichem, in dem der Dichter darstellt, was ihm, nach dem Erlebnis dieses Krieges, zu zeigen am Herzen liegt, daß der Besitz des vollen Lebens nur dem zuteil wird, der Opfer zu bringen sich nicht scheut. Wenn am Schluß des Märchens der Gesang der Ungeborenen an das Ohr der Kaiserin dringt, die ihren Schatten wieder gewonnen hat:

Vater, dir drohet nichts,
Siehe, es schwindet schon,
Mutter, das Ängstliche,
Das dich beirrte!
Wäre denn je ein Fest,
Wären nicht insgeheim
Wir die Geladenen,
Wir auch die Wirte?

dann wird das „Geheimnis der Verkettung alles Irdischen“ gepriesen. Dies aber ist, auf das Ganze gesehen, auch der Sinn dieser Dichtung.

Neben dem Prosa-Märchen hat Hofmannsthal denselben Stoff als Opern-Libretto gestaltet, das durch seinen Tiefsinn freilich für das Opern-Publikum stets schwer verständlich war. Uns sind beide

Gebilde teuer als Selbstdarstellungen des Dichters, nicht dem Gehalt nach allein, sondern der Form nach, von der Hofmannsthal sagt: „An einem Kunstwerk höherer Ordnung ebenso wie beim organischen Gebilde ist nicht die einzelne Form das Wunderbarste, sondern das Hervortreten einer Form aus der anderen."

Es wäre ein Irrtum zu glauben, Hofmannsthal habe sich, als er in den Kriegsjahren an diesem kostbaren Stück Prosa arbeitete, aus der Zeit geflüchtet. Dem ist nicht so. Er nahm an allem teil, was geschah, und trug die Bürde, die diese Teilnahme für ihn bedeutete, er trug sie für sich und stellvertretend für sein Volk. Zu ihm fühlte er sich mehr und mehr hingezogen, nicht in dem Sinne, daß er unverbindliche Erklärungen und Bekenntnisse abgegeben hätte, wie es damals manche Dichter und Künstler zu tun pflegten, sondern in dem ernsteren und einzig fruchtbaren und auch zu verantwortenden Sinne, daß er dieses Volk an sich selbst, an die Quelle seiner Kraft erinnerte. Wir deuteten an, wie Hofmannsthal bereits in den Kriegsjahren in Aufsätzen, Vorträgen und Reden, aber auch in den Publikationen der „Österreichischen Bibliothek" in diesem erzieherischen Sinne wirkte. Diese Arbeit führte er nun auf verschiedenen Ebenen fort. Zunächst auf der dichterischen, wo er mit einem Werk hervortrat, das zwar schon 1908 erwähnt, dann immer wieder aufgenommen, aber nun nach dem Krieg und unter dem Eindruck der Kriegsfolgen endgültig gestaltet wurde: das Lustspiel „Der Schwierige". Vielleicht mag es erstaunlich erscheinen, daß der Mann, der so sehr mit dem Schicksal des Volkes verbunden war, der mit dem Zusammenbruch der alten Monarchie die Fundamente seines eigenen Lebens und Schaffens zerbrechen sah, mit einem Lustspiel antwortete. In einem Gespräch mit Carl J. Burckhardt erinnerte er an ein Wort von Novalis: „Nach verlorenen Kriegen muß man Lustspiele schreiben." Und er fügte sogleich hinzu: „Das Lustspiel als schwierigste aller literarischen Kunstformen, die alles in jener völligen Gleichgewichtslage aussprechen kann, das Schwerste, das Unheimlichste, in jener Gleichgewichtslage höchster versammelter Kraft, die immer den Eindruck spielender Leichtigkeit erweckt." Diese Ansprüche zu erfüllen, ist dem Dichter im „Schwierigen" auf eine Weise gelungen, durch die diese Dichtung zu den wenigen fünf oder sechs gültigen Lustspielen unserer an dieser Gattung so armen Literatur zu zählen ist. Dargestellt ist das Leben in der Gesellschaftsschicht des Adels, der Hofmannsthal zwar im strengen Sinne nicht angehörte, zu der er aber Beziehungen hatte. Es ging ihm jedoch nicht darum, wie man gesagt hat, dieser Gesellschaftsschicht gleichsam ein Denkmal zu errichten, obwohl das unbewußt auch geschehen ist, es lag ihm vielmehr daran, zu zeigen, wie der Einzelne durch sein Verhältnis zur Gesellschaft den Weg ins Leben findet. Es ist das ein immer wieder aufgenommenes Thema seines Lebens und seines Schaffens, aber es ist nun eingebettet in die Erfahrungen der Nachkriegswelt und in die Gesellschaft, die zum Teil leben möchte, als sei nichts geschehen, und von der eine der handelnden Figuren sagt, sie alle lebten nicht, sondern seien Schatten. Hans Karl, der Schwierige, aber weiß, daß man so nicht mehr wird leben können, daß der Krieg alles verändert hat und daß man neue Wege zum Leben suchen muß. Auch er hat sich verändert. Er, der draußen im Feld einmal verschüttet wurde, ist leicht geneigt, zu verstummen, das Reden, das Sichäußern fällt ihm schwer, ja es wird ihm so wie einst Lord Chandos mitunter unmöglich. Schon an der Front und hernach im Lazarett hat er viel über das Leben nachdenken müssen. Und so bekennt er jetzt: „Ich hab da auf einmal ausdenken können, was das ist: ein Mensch. Und wie das sein muß: zwei Menschen, die ihr Leben aufeinander legen und werden wie ein Mensch. Ich habe – in der Ahnung wenigstens – mir vorstellen können – was da dazu gehört, wie heilig das ist und wie wunderbar." Die Liebe einer Frau, der Helene Altenwyl, vermag ihn aus seiner Erstarrung zu lösen und für das Leben wiederzugewinnen. Hans Karl empfindet nun auch plötzlich, daß es im Leben eine Notwendigkeit gibt, der wir zu folgen haben: „Es gibt einen Zufall, der macht scheinbar alles mit uns, wie er will – aber mitten in dem Hierhin- und Dahingeworfenwerden und der Stumpfheit und Todesangst, das spüren wir und wissen es auch, es gibt halt auch eine Notwendigkeit, die wählt uns von Augenblick zu Augenblick, die geht ganz leise, ganz dicht am Herzen vorbei und doch so schneidend scharf wie ein Schwert. Ohne die wäre da draußen kein Leben mehr gewesen, sondern nur ein tierisches Dahintaumeln. Und die gleiche Notwendigkeit gibt's halt auch zwischen Männern und Frauen – wo die ist, da ist ein Zueinandermüssen und Verzeihung und Versöhnung und Beieinanderbleiben. Und da dürfen Kinder sein, und da ist eine Ehe und ein Heiligtum, trotz allem und allem."

Es ist sehr viel Tiefsinn in dieses Lustspiel eingegangen, das ein durch und durch Hofmannsthalsches Stück geworden ist, und das wir sowohl um des Gehaltes wie um der Form willen zu seinen Meisterwerken zählen müssen. Hier ist der Dichter ganz eins geworden mit seinem Stoff und eins geworden mit der Form. Die Zentralthemen seines Lebens sind hier Gestalt geworden, und dies ohne alle Schwere, vielmehr erfüllt von der Heiterkeit, die durch die Jahrhunderte eine Stadt wie Wien auch in den düstersten Zeiten auszustrahlen vermochte. Das alte Österreich hat unsichtbar an diesem Geflecht der Dialoge und der Verwicklungen mitgewoben, und als eine der unvergeßlichen Erinnerungen an dieses alte Österreich wird das Lustspiel weiterleben und Zeugnis ablegen für das Gewesene, wie nur große und echte Dichtungen durch die Zeiten weiter dauern. Diesem Lustspiel ließ Hofmannsthal noch ein zweites folgen: „Der Unbestechliche“, eine Arbeit, die er selbst nicht so hoch schätzte, daß er sie in die zu seinen Lebzeiten erschienene Ausgabe seiner Werke aufnahm, ja, die nicht einmal gedruckt wurde, so lange er lebte. Es ist für die Bühne geschrieben und tut dort seine Wirkung. Als Dichtung kommt es dem Range nach dem „Schwierigen“ nicht gleich. Indessen finden wir auch hier die Hofmannsthal'schen Themen wieder: das Verlangen nach Ordnung, das er in der tragenden Figur des Stückes, dem Diener Theodor, sichtbar macht, der mit einem einzigen Satz den Sinn des Lustspiels umschreibt: „Es sind Euer Gnaden die irdischen Dinge sehr gebrechlich. Es kann auch eine sehr starke Hand keine Schutzmauer aufbauen für ewige Zeiten um ihre anbefohlenen Schützlinge.“

Das war Hofmannsthals letztes Lustspiel, in seinem Nachlaß fanden sich noch mancherlei Pläne, indessen aber gehörte die kurze Lebenszeit, die ihm noch blieb, anderen Dingen, vor allem der großen Arbeit an einem Werk, das er selbst, nach allem, was wir wissen, als die Krönung seines Lebens betrachtete: am Trauerspiel „Der Turm“. Doch ehe er diese über viele Jahre sich hinziehende Arbeit abschließen konnte, schrieb er für die Salzburger Festspiele das Mysterienspiel „Das Salzburger Große Welttheater“, in dem er, einen alten, auch von Calderon bearbeiteten Stoff aufnehmend, die entscheidenden Wandlungen der Zeit in der Form eines Weltspiels gestaltete. Erlebnisse, Erfahrungen und Einsichten, wie die Weltstunde, die er mittragen und miterleiden mußte, sind in dieses Spiel eingegangen. Die Gestalten, die er aus Calderons „Das große Welttheater" übernommen hat, empfingen neue Funktionen. Vor allem kommt dem Bettler in der Handlung eine tragende Rolle zu. „Das Neue", schreibt Hofmannsthal, „das ich zu dem überkommenen Stoff hinzugefügt habe, liegt in der Gestalt des Bettlers. Dieser ist bei mir die Hauptfigur des Spieles und steht als Einzelner allen den Andern gegenüber. An die Stelle des passiven, resignierten Bettlers der alten Mysterien, des ‚Armen', aus dem Evangelium, der von selbst, durch sein bloßes Schicksal zur Seligkeit auserwählt ist, in diesem Leben aber eigentlich nur ein Objekt ist, an welchem die anderen geprüft werden, habe ich den aktiven Bettler gestellt, den Ausgeschlossenen, Enterbten, der seinen Platz unter denen begehrt, die geerbt haben, also eine Gestalt, wie sie mit solcher Deutlichkeit vielleicht nur im gegenwärtigen Augenblick gesehen werden konnte: die Drohung des Chaos an die geordnete Welt." Der Bettler ist es, der das Leid der Welt tragen muß, dem Weib und Kind gemordet wurden und der nun nicht aufhören kann zu fragen: Warum, warum? Er spricht aus, was in jenen harten Jahren nach den großen Zusammenbrüchen so viele erregt und erschüttert ausriefen:

Der Weltstand muß dahin, neu werden muß die Welt
Und sollte sie zuvor in einem Flammenmeer
Und einer blutigen Sintflut untertauchen,
So ist's das Blut und Feuer, das wir brauchen.

Das ist die Sprache dessen, der von Verzweiflung getrieben nach einer neuen Ordnung sucht, aber eine solche Ordnung, das zeigt das Spiel, kann nicht kommen durch Gewalt und Unrecht, sondern durch Weisheit und Liebe. Darum sagt Weisheit:

Du aber, Leben über allem Leben,
Du wunderbar Gericht, das in den Dingen ruht,
Sieh mich nunmehr für ihn die Händ erheben:
Gnad ihm, wenn er jetzt bebend vor dich trägt,
Gräßlich gefärbt mit unser aller Blut,
Den Wesensschein, den furchtbar schicksalvollen,
Drein du erhabnen Willens Spur geprägt!
Gnad ihm, ihm war von deines Spieles Rollen
Die eine überschwere auferlegt!

Als der Bettler seine wirkliche Rolle im Spiel erkannt hat, bekennt er einsichtsvoll:

Ich bin bei Gott, in aller Dinge Mitt!
Doch in dem Spiel bin ich der Bettler halt,
Von dem ich Wesen anhab und Gestalt.
Was soll ich denn von denen wollen?
Ich kann ja nicht hinein in ihre Rollen,
Noch deren Sprüch und Sprüng herein in meine
reißen!
Da müßte ich ein Geck und Stümper heißen!
Wollt ich dem dort die pelzern' Schaub abziehen,
Dem dort sein goldnes Schwert aus Händen
schlagen –
Und setz ich stracks mich auf den Thron für ihn
Und sitz dort breit zu meinen Lebenstagen,
So sitzt Hans Wurst zu Thron, das Blatt bleibt
ungewendet,
Und diese Welt wie eh und je geschändet.
Ob ich mich spreiz mit Machtgebärden,
An ihrer Statt, verschlägt nicht viel:
Es muß für wahr und ganz ein neuer Weltstand
werden,
Sonst blieb dies gar ein ärmlich puppig Spiel.
Ich haus mit denen nicht, ich muß woanders hin,
Mir hat die Sternenuhr die große Zeit geschlagen,
Nun weck ich selber mich, entzünd in mir den Sinn,
Davon um Mitternacht der finstre Wald wird
tagen:

Ich hab ein Wort gehört, das war mir lang verloren,
Mir ist, da ichs gehört, da war ich ungeboren,
Und eines Engels Mund gab mir so zarte Lehre –
Von Freiheit war das Wort und welcher Art
die wäre.
Ich war – mein Seel! – nicht frei, als ich in finstrem
Drang
Scharf Eisen über diese schwang,
Des bin ich inne worden jäh,
Wie der inner gemalten Scheiben steh
Der Bilder inne wird. Freiheit ist alleweil nah,
Doch greifst du hart nach ihr, so ist sie jählings fern;
Kaum schmiegest du dich sanft, so ist sie wieder da
Und weht von dir hinan bis an die Himmelsstern.
Sie ist geheim und läßt sich irdisch nicht benennen:
Sie ist ein Abgrund, über den sichs herrlich lehnet,
Doch der mit Macht sich auch dich zu verschlingen
sehnet;
Ich will in wilden Wald, sie völlig zu erkennen –
Mich deucht, sie ist von Gott, und bleib ich nur
allein,
So dringet sie durch Gott schon tief in mich hinein
Und gehet dann mit mir auf jeden Pfad und Steg:
Somit laß ab von mir und gib mir frei den Weg!

Diese Sätze sind an den Widersacher gerichtet, und Weisheit kann den Weg des Bettlers nur segnen:

Geh hin und sei im Wald ein guter Geist,
Und lobe Gott den Herrn, der alle Wege weist!
Ich neige mich vor dir!

Wir halten einen Augenblick inne, um zurückzublicken über dreißig Jahre bis zu Hofmannsthals Frühdichtung „Das Kleine Welttheater", dem Spiel, in dem über die gebogene abendliche Brücke die Gestalten gehen, eine mit der anderen kaum oder nur lose zusammenhängend, eine jede die Landschaft ihrer Seele ausbreitend, ausschüttend die Fülle der Weisheit und der Einsicht in die Abgründe des Lebens, der Zweifel und Wirrnisse, eine jede aber auch ein Bekenntnis ablegend zum Weltgeheimnis, dem sich der junge Dichter nahe wußte. Damals war das Sprechen der Gestalten ein Reden heraus aus der Präexistenz, heraus aus einem Wissen, das dem Dichter durch viele Geschlechter im Blut zugetragen wurde. In dieser Dichtung, aus dem letzten Lebensjahrzehnt kommend, ist die Aussage bestimmt von verantwortungsbewußtem Mittragen des Weltschicksals. Die Sprache ist voll herber Schönheit, einer Schönheit, nicht der Präexistenz, sondern erworben und errungen im Mühen um das Wort. Es ist aber auch Sprache der Gnade. Alles hängt in diesem Spiel von der Sprache ab, sie vermag uns hinaufzuheben in die Sphären, in denen das überirdische Geschehen für uns Wirklichkeit wird. Es wäre unfruchtbar, wollten wir „Das Kleine Welttheater“ gegen „Das Salzburger Große Welttheater“ stellen, wollten wir Vergleiche anstellen. Das ist möglich, aber es führt nicht weiter als bis in die Bereiche des Literarischen. Wir sehen tiefer und umspannen den Weg von dem frühen Gedicht zu diesem späten, es ist ein Weg, dem verwandt, den wir zurücklegen, wenn wir von den frühen Szenen des „Faust“ zu den letzten gehen. Zwei Dichter haben Jahrzehnte ihres Lebens durchschritten und Zeugnis gegeben von dem, was sie erfuhren. Beide fanden zurück zum Glauben, um von dem zu künden, was ihnen das Leben anvertraut hatte. So verschieden die Zeitalter waren, die Goethe und Hofmannsthal durchleben mußten, so verschieden waren ihre Erfahrungen. Die Hofmannsthals waren die der großen Erschütterungen sozialer Art. Man hat darum das Mysterienspiel eine soziale Dichtung genannt, das aber ist oberflächlich und vordergründig gesehen. Es ist ein festliches Mysterienspiel, in dem ein Dichter unserer Zeit sein Erlebnis der Gegenwart mit den ihm gemäßen dichterischen Mitteln gestaltet hat. Das Zeitliche berührt das Zeitlose, das Irdische ist an das Ewige gebunden. Hinter diesem Spiel bleibt alle soziale Dichtung weit zurück, wie alle politische Dichtung hinter dem Trauerspiel „Der Turm“ zurückbleiben muß. Wir erfahren, vor allem aus dem Briefwechsel Hofmannsthal – Burckhardt, wie der Dichter über zehn Jahre hin um die Vollendung dieser Arbeit gerungen hat. Immer wieder nahm er den Stoff auf, immer wieder gab er ihm neue Gestalt, drängte es ihn doch, nicht nur auszusagen, was er erlebt hatte und was er heraufkommen sah, sondern auch zu gestalten, was er vom Menschen dachte, dessen Geheimnis zu erspüren ihn lebenslang verlangte.

Der Stoff, den Hofmannsthal gestaltet, ist uralt, es ist die in der abendländischen Literatur in vielfältiger Form wiederkehrende Fabel vom Königsohn, der, in einem Turme ausgesetzt, wie ein Tier gefangen gehalten wird, weil seinem Vater prophezeiht wurde, eben dieser Sohn werde ihn einst des Thrones berauben. Calderon hat den Stoff in seinem dramatischen Gedicht „Das Leben ein Traum“ auf seine Weise gestaltet. Von ihm übernahm Hofmannsthal nicht viel mehr als die tragenden Figuren, die Handlung aber und ihre Fügung ist sein Eigentum. Die Figuren werden zu Trägern seines eigenen Ringens mit der Zeit, die für ihn eine Zeit der Auflösung einer jahrhundertealten Ordnung war. Der Dichter kam aus einer Welt der Ordnung oder wußte sich doch zumindest einer solchen tief verbunden. Wenn er frühe schon ihre Fundamente erzittern fühlte, so sah er nun, da sie wirklich ins Wanken gerieten, die großen Zusammenhänge, in die alles Geschehen hineingehörte. So ist ein gewaltiges Gewebe entstanden, in dem die Fäden des Zeitlichen und Zeitlosen aufs engste ineinander verknüpft sind. Das letzte Jahrzehnt des Dichters war neben anderen Arbeiten eben dieser fast unlösbaren Aufgabe gewidmet. „Während der zehn Jahre, die ich ihm freundschaftlich nahestand, neben all seinen anderen Arbeiten, blieb diese eine doch immer die Dominante. Wenn man seinem Ringen um diesen Stoff folgt, steht man vor einem vereinzelten Phänomen, denn es ist nicht mehr das Ringen des Künstlers um das Gelingen eines Kunstwerks, nein, für ihn ging es diesmal um etwas ganz anderes: Als ein Teil der ganzen ihr Schicksal erleidenden Welt hat er es durch die schöpferische Tat unternommen, in sich selbst einen geistigen Kampf auszukämpfen und dieses ihm untragbar erscheinende Schicksal in sich selbst – und damit für die Welt – zu überwinden." Es läßt sich kaum gültiger als mit diesen Worten Carl J. Burckhardts ausdrücken, was die Arbeit an dieser Dichtung für Hofmannsthal bedeutet hat. Wenn wir sie nun, aus unserer Gegenwart kommend, lesen, erfahren wir auf eine erschütternde Weise die Wahrheit dieser Worte. Die tragenden Gestalten, die alle auf eine besondere Weise der Dämonie der Macht verfallen oder von ihr bedroht sind, berühren uns nicht wie Gestalten aus dem 17. Jahrhundert, auf das ein Wort des Dichters hinweist, sie sind uns vielmehr nahegerückt durch das, was wir selber erleben mußten. König Basilius, von blindem Machtwahn erfüllt, begreift nicht, welch ein Verbrechen er auf sich lädt, indem er seinen Sohn Sigismund in den Turm werfen läßt, wo er das Leben eines Tieres unter Tieren führen muß. Alles Königliche ist aus diesem König geflohen, alles Herrscherliche diesem Herrscher entfallen. Ein dämonischer Machtwahn erfüllt ihn, von dem sein höchster Berater, der Großalmosenier, sagt: „Ganz leise ist die Hölle in dich hineingewachsen, die da heißt: Verlassen von Gott." Von anderer Art ist der Machtwahn Julians, dem das Schicksal Sigismunds anvertraut ist. Gewiß kann er für sich in Anspruch nehmen, er habe das Schlimmste von Sigismund abgewendet, er habe den Menschen in ihm erhalten, aber eben nicht aus reiner Menschlichkeit, sondern, um seines eigenen ehrgeizigen Machttraumes willen. Er ist ein kühler Rechner, von dem der Arzt, eine der menschlichsten Gestalten des Trauerspiels, mit Recht sagt: „Aber – ich muß es in einem Atem aussprechen: die Quelle selber ist getrübt. Die tiefste Wurzel ist angenagt. In furchtbarem Schlangenkampf ringen Gut und Böse in diesen gebieterischen Mienen." Julian ist nicht der Mann, der die verderbte Welt erneuern kann, weil er sich selber nicht zu erneuern vermag, nicht weil sein Wille zum Guten schwächer wäre als der Wille zum Bösen, sondern weil er den Weg zur Reinheit, den ihm Sigismund weisen könnte, nicht findet. So ruft er in Sigismunds Namen den Adel und den Pöbel auf, aber er vermag nicht zu begreifen, daß Sigismund auf diesem Weg nicht mit ihm gehen kann, daß er nach allem, was er erfahren und erlebt hat, als man ihn aus dem Turm in das Schloß des Vaters und von dort abermals in den Turm zurückbrachte, nicht mehr nach der Herrschaft in dieser Welt verlangt. So geht Julian mit der bitteren Erkenntnis zugrunde: „Ich habe das Unterste nach oben gebracht, aber es hat nichts gefruchtet."

Unter denen, die mit ihm nach oben gebracht wurden, ist Olivier, der ohne jede Hemmung seine Machtgier auslebt. Zwischen diesen handelnden Gestalten steht als Zentralfigur Sigismund, der gleichsam als der Anlaß zu dem alles einstürzenden Weltwirbel zu deuten ist: „An der Stelle, wo dieses Leben aus den Wurzeln gerissen wird, entsteht ein Wirbel, der uns alle mit sich reißt." Der Dichter sieht in Sigismund aber nicht nur die Mitte seiner Tragödie, er ist für ihn vielmehr der Träger der Menschheit selber. Man hat ihn mitunter eine Christus verwandte Natur genannt. Als er das Amt des Königs übernimmt, tut er es nicht wie die anderen machthungrigen Gestalten aus Wille zur Macht, sondern in dem Glauben und in der Hoffnung, der gequälten Menschheit helfen zu können. Daß solches in diesem Augenblick einem einzelnen nicht möglich ist, ahnt er wohl, aber es gibt im Leben des Menschen Augenblicke, da er sich auch bei der besten Einsicht dem Verhängnis nicht entziehen kann. So geht denn Sigismund zugrunde mit den Worten: „Gebet Zeugnis: ich war da. Wenngleich mich niemand gekannt hat." Es ist ein erschütterndes

Wort aus dem Munde eines Menschen, der so viel gelitten und der dennoch bekannt hat: „Der Mensch ist eine große Herrlichkeit, und er hat nicht zuviel Leiden und Schmerzen, sondern ihrer zu wenig." Diese Abschiedsworte Sigismunds sind an den Kinderkönig gerichtet, eine der rührendsten Figuren in Hofmannsthals gesamtem Werk. Sein Auftreten am Schluß der Tragödie wirft einen dünnen Strahl versöhnenden Lichtes in die Düsternis und Finsternis einer Welt, in der jeder mit jedem im Kampf liegt, einer Welt, die in Chaos und Anarchie zu verfallen scheint, weil in ihr der Adel des Menschen, das Rein-Menschliche im Goethe'schen Sinne, verleugnet wurde. „Weißt du, es ist das in mir, wovon eine geringe Gabe die Menschen störrisch macht, eine große aber zahm und folgsam wie Hunde. Du sollst mir Schwert und Waage geben: denn du bist nur ein Zwischenkönig gewesen. – Wir haben Hütten gebaut und halten Feuer auf der Esse und schmieden die Schwerter zu Pflugscharen um. Wir haben neue Gesetze gegeben, denn die Gesetze müssen immer von den Jungen kommen. Und bei den Toten stellen wir Lichter auf." Mit diesen Worten gibt sich der Kinderkönig dem sterbenden Sigismund zu erkennen: „In der Zeit könnt ihr diesen nicht messen: aber außer ihr, wie ein Sternbild." Damit versucht der Kinderkönig den Ratlosen den Weg in die Zukunft zu weisen. „Wir brauchen sein Grab, unsern Wohnsitz zu heiligen", lautet sein letztes Wort.

Es ist ein versöhnender Strahl Lichtes, der nach so langer Wanderung durch die Düsternis dieser Turm-Welt aufleuchtet. Indessen wurde dieser Schluß von mancher Seite angefochten, weil wir gezwungen sind zu glauben, es werde dieser zarten und reinen Gestalt gelingen, die verlorene Ordnung neu aufzurichten. Wir meinen, diese Lösung müßte im Sinne des Dichters sein, so wie wir ihn aus seinem Gesamtwerk zu kennen glauben. Umso mehr erschüttert es uns aber, daß er in einer zeitlich späteren Fassung auch noch diesen letzten Strahl Lichtes ausgelöscht hat. Nun bleibt der aus der untersten Tiefe aufgestiegene Olivier der sichtliche Sieger. Er, der Lasterhafte, der Skrupellose, der Machtgierige, dem nichts heilig ist, weder Gott noch Mensch, weder eine Überlieferung noch die Reinheit einer Idee, stellt der Welt Sigismunds seine Wirklichkeit entgegen: „Siehst du dieses eiserne Ding da in meiner Hand? So wie dies in meiner Hand ist und schlägt, so bin ich selbst in der Hand der Fatalität. Das, was jetzt vor dir steht, das hast du noch nicht gekannt. Was du bis jetzt gekannt hast, waren jesuitische Praktiken und Hokuspokus. Was aber jetzt dasteht, das ist die Wirklichkeit." Olivier ist es denn auch, der, ohne mit der Wimper zu zucken, Sigismund durch Scharfschützen ermorden läßt. Dies ist die Lösung, die Hofmannsthal der Tragödie in der Bühnenfassung gibt, die sehr fühlbar aus der magisch-mythischen Atmosphäre, in der die erste Fassung lebt, herausgehoben wurde. Es könnte scheinen, der Dichter habe für die Bühne eine leichtere Form schaffen wollen, nachdem er erkannt hatte, daß die erste Gestalt eine kaum spielbare, für den Zuschauer nur schwer faßbare Weltanschauungsdichtung großen Stils geworden war. Die Briefe Hofmannsthals an Carl J. Burckhardt zeigen uns, wie schwer es dem Dichter geworden ist, die Tragödie zu Ende zu bringen. Im Jahre 1923 schreibt er: „Ich war vierzehn Tage in einem einsamen Nest, tausendeinhundert Meter hoch, und habe alles, was in mir liegt, daran gewandt, den fünften Akt zusammenzukriegen. Zusammengekriegt habe ich ihn auch, aber die letzte Fassung erarbeiten konnte ich nicht, immerhin die vorletzte – hoffe ich –. Es ist mir dies Ganze schon eine fast mysteriöse Arbeit, und dieser letzte Akt hat etwas von einem über Abgrund gebauten Schloß. – Sei es, wie es sei, man kann nicht mehr geben, als in einem liegt." Und drei Jahre später, im Jahre 1926: „Dieses Jahr war nicht leicht für mich, ich habe mich in ihm sehr verändert. Nicht vom Älterwerden spreche ich, sondern von etwas ganz anderem, das ich nicht benennen könnte, aber deutlich fühle. Es muß sein, daß ich zum Teil ein Mensch war, der zu früher Reife bestimmt war. – Wenn ich hier mit halbgeschlossenen Augen über etwas nachsinne, so ist es die Umgestaltung des ‚Turms'; nämlich die beiden letzten Akte werden völlig anders, dann erst lasse ich das Stück spielen. Daß ich aber solche innere Freiheit diesem Stoff gegenüber habe, das kommt auch von diesem inneren Andersgewordensein, das ich zuweilen vor sich gehen fühle wie ein lautlos schnelles Fließen."

Wir besitzen wenige Dichtungen in unserem neueren Schrifttum, in denen das Ringen um das Menschliche selbst und die Ordnung im menschlichen Dasein so bis an die letzten Grenzen, bis in die Bereiche des Metaphysischen vorgetragen wurde wie in Hofmannsthals „Turm". Wir bewegen uns immer wieder in den düstersten Sphären der absoluten Macht, befinden uns aber auch, sobald wir in den Bereich Sigismunds kommen, in Sphären der Seele und des Geistes. Und wenn Sigismund einmal das tiefe Wort ausspricht: „Eitel ist alles außer der Rede zwischen Geist und Geist", so erhellt dieses Wort gleichsam blitzartig die Finsternis, die über der Landschaft dieser Tragödie liegt. Wir spüren, je tiefer wir eindringen und je genauer wir lesen, wie Hofmannsthal sich immer neu bemüht, auch in der Fassung, die den Sieg Oliviers zur Lösung hat, die eigentümlich starke Kraft des Geistes und der Seele sichtbar zu machen, so wenn Sigismund der brutalen Forderung Oliviers: „Dazu habe ich dich und deinesgleichen, damit ich euch auferlege, wozu ich euch brauchen will", ganz schlicht seine Wahrheit entgegenstellt: „Du hast mich nicht. Denn ich bin für mich. Du siehst mich nicht einmal: denn du vermagst nicht zu schauen, weil deine Augen vermauert sind mit dem, was nicht ist."

Vielleicht mag es verwunderlich erscheinen, daß wir die Figuren als solche heraussheben und sie sozusagen gegeneinander stellen, es gehört aber zum Wesen dieses Dramas, daß die Figuren, Welt mit sich tragend und Welt um sich bildend, gegeneinanderstehen als Verkörperung von Weltkräften. Ganz gewiß wäre es ein Irrtum, die Figuren nur als Symbole zu nehmen, sie sind weit mehr, sie sind Menschen voll Wirklichkeit, voll Diesseitigkeit und Jenseitigkeit zugleich, Träger von sichtbaren und unsichtbaren Kräften, über dem Abgrund stehend, über dem alles Leben sich an den großen Wendepunkten der Geschichte vollzieht. Wer die zwei Jahrzehnte nach Hofmannsthals Tod erlebt hat, dem sind die Gestalten dieser Tragödie in vielfältiger Form begegnet. Als Hofmannsthal im Jahr 1929 starb, konnte er nicht ahnen, wieviel prophetische Sicht in seiner Dichtung lebendig war. Wir aber wußten, daß der „Turm" sein Vermächtnis war, das wir neben andere Vermächtnisse wie „Das Salzburger Große Welttheater" und die Münchner Rede „Das Schrifttum als geistiger Raum der Nation" zu stellen haben. Es ist aber nun nicht nur an dem, daß wir im „Turm" eine Zeitdichtung großen Stiles sehen, wir erkennen in ihm vielmehr auch eine Menschheitsdichtung. Alle großen Dramatiker von der Antike bis zur Gegenwart haben sich die Frage nach dem Geheimnis des Menschlichen immer wieder gestellt und auf ihre Art beantwortet. Sophokles so gut wie Shakespeare, Calderon so gut wie Racine, Goethe nicht minder wie Schiller. Als Hofmannsthal die Frage stellte, geschah es aus dem Wissen um die Bedrohung des Abendlandes. Er hat keine Zeitdichtung in dem Sinne geschaffen, daß er Geschehnisse, deren Zeuge er war, unmittelbar gestaltet hätte, obwohl er Erlebtes nicht aus seinem Bewußtsein verdrängen konnte. Er nennt aber als Ort der Handlung: „Ein Königreich Polen, aber mehr der Sage als der Geschichte", und als Zeit: „Ein vergangenes Jahrhundert, in der Atmosphäre dem siebzehnten ähnlich". Diese Transponierung des Geschehens ins Zeitlose verleiht der Dichtung ihre überzeitliche, seelisch-geistige Wirkungskraft und auch ihre überzeitliche Dauer. Er ist mit dieser Tragödie weit hinausgeschritten über den Bereich, innerhalb dessen sich seine früheren dramatischen Arbeiten bewegten. Er ist auch hinausgeschritten über die engere Sphäre des klassischen deutschen Dramas. Eine Dichtung wie diese, an der die Zeitgenossen fast unbemerkt vorübergingen, so wie sie einst an Goethes „Natürliche Tochter" vorübergingen, zeigt uns, daß immer nur wenige fähig sind, die Stimme des Dichters zu vernehmen. Hofmannsthal wußte um diese Tatsache und rechnete mit ihr: „Kein Dichter wird zu seinen Lebzeiten erkannt, außer von einzelnen, keiner ausnahmslos", hat er selber ausgesprochen. Wir haben inzwischen aber erlebt, daß „Der Turm“ ganz allmählich in die Zeit hineingewachsen ist, daß die Menschen erkannt haben, was hier ein großer Dichter für uns alle gestaltet hat. Er rang gewissermaßen stellvertretend um die Würde des Menschseins, und dies in einem Augenblick, in dem nur die Hellsichtigsten die heraufziehenden Bedrohungen sahen. Wie eine jede Tragödie zeigt uns auch diese die schicksalhafte Abgründigkeit unseres Daseins, sie gibt uns aber auch die Kräfte, im Sturm und Sturz der Welten zu bestehen und der Unzerstörbarkeit unseres innersten Wesens zu vertrauen.

V

Wir haben länger bei dieser Dichtung verweilt, weil wir der Meinung sind, in ihr habe Hofmannsthal das Höchste ausgesprochen, was ihm auszusprechen aufgetragen war. „Der Turm“ war sein letztes Wort von der Bühne her. Es lagen noch mancherlei angefangene Arbeiten in seinen Mappen, vor allem die Entwürfe zu einem „Xenodoxus“, sie sollten, wie so vieles, Fragment bleiben. Wir wissen, wieviele großartige Fragmente Schiller uns hinterließ, ein gleiches gilt für Hofmannsthal. Zu den unvollendet gebliebenen Arbeiten gehört auch der „Andreas“, die wenigen Kapitel eines Bildungsromans, der, hätte er vollendet werden können, neben die großen deutschen Bildungsromane treten würde. Was uns erhalten ist, zählt zum Schönsten, was der Dichter schrieb. Unvergeßlich schön ist die Schilderung der Landschaft, in der der Finazerhof gelegen ist, unvergeßlich die Gestalt der

Romana. Und wiederum, wie so oft in seinem Werk, die Zeichnung Venedigs, der Stadt, in der sich die Kontinente berühren, in der sich Ost und West treffen, wo die Menschen angerührt werden von einem Zauber, der sie verwandelt, so daß die Stadt zu einer Stadt des Abenteuers wird. Sehr lange hat der Dichter an diesem Werk gearbeitet, es blieb unvollendet, was daran liegen mag, daß ihn das Theater stärker in seinen Bann zog als der Roman, und daß er nach dem Zusammenbruch der österreichisch-ungarischen Monarchie keine Möglichkeiten mehr sah, die Erzählung dort wieder aufzunehmen, wo er sie vor dem Krieg abbrach. Uns ist es schmerzlich, das Ganze zu entbehren, umso dankbarer aber wollen wir sein für das uns Erhaltene, auch für die zahllosen Notizen, die uns einen Einblick gewähren in Hofmannsthals eigentümliche Weise zu arbeiten.

Vielleicht ist es auch zu sagen erlaubt, die ernste Sorge um die Zukunft habe mit dazu beigetragen, daß der Roman nicht abgeschlossen wurde, hat doch Hofmannsthal in diesen letzten zehn Lebensjahren viel Zeit und Kraft darauf verwendet, den Deutschen ihr Geisteserbe neu zu schenken und so gewissermaßen als Erzieher zu wirken, den Begriff des Erziehertums natürlich im allerweitesten, im humansten Sinne des Wortes gefaßt. Für ihn hieß Erziehertum die Menschen zurückführen zu ihrer eigenen Mitte, zu ihren Ursprüngen. Diese Arbeit Hofmannsthals, die nur der gering achten kann, der mit seinem innersten Wesen, seiner Natur und seinem Verhältnis zur Welt nicht vertraut ist, hat bereits mit der Herausgabe der Sammlung „Deutsche Erzähler“ begonnen, sie wurde während des Krieges fortgeführt durch die Herausgabe der „Österreichischen Bibliothek“. Nun nach dem Krieg weitet sich der Kreis, Hofmannsthal greift in den größeren deutschen Geistesraum hinein. Zusammen mit seinen Freunden, vor allem Rudolf Alexander Schröder und Rudolf Borchardt, arbeitet er an dieser Aufgabe, die zunächst darin besteht, daß er in der Bremer Presse Sammelwerke herausgibt, die in vorbildlicher Weise Auswahlen aus dem deutschen Schrifttum darbieten. Es sind hier erschienen: „Deutsches Lesebuch“, „Deutsche Epigramme“, „Schillers Selbstcharakteristik aus seinen Schriften“, und endlich „Wert und Ehre deutscher Sprache“. Die Einleitungen, die der Dichter den einzelnen Bänden voranstellte, sind von einer geistigen Weite und Tiefe, von einer Gültigkeit und Vollkommenheit im Sprachlichen, daß sie ihresgleichen in unserem neueren Schrifttum nicht besitzen. Hinter all diesen Arbeiten wird immer wieder die menschliche Lauterkeit, die Reinheit der Auffassung, die ungebrochene Verbundenheit mit der Nation und ihrem im Geistigen sich offenbarenden Besitz sichtbar. Gleichzeitig mit diesen Sammlungen erschien die von Hofmannstahl in Verbindung mit anderen herausgegebene Zeitschrift: „Neue Deutsche Beiträge.“ In diesen Heften versuchte der Dichter Arbeiten aus seinem Freundeskreis, aber auch vergessene Kostbarkeiten der Vergangenheit zugänglich zu machen. Unter welch hohen Gesichtspunkten dies Unternehmen begonnen wurde, deuten die Sätze aus dem Vorwort an: „Was nun den Inhalt angeht, so wollen wir uns alles dessen enthalten, worin mehr der ungezügelte Hang zur Abstraktion und eine begrifflich überzüchtete Sprache wirksam wird als ein tätiges Vermögen. Wir wollen uns durchaus an die Gestalt halten, sowohl in der eigenen Darbietung als in der Betrachtung, und die uferlosen gedanklichen Ausführungen und Entgegnungen meiden. – Auch die Natur gibt nur durch die Gestalt. Wir vermögen nur die Gestalt zu lieben, und wer die Idee zu lieben vorgibt, der liebt sie immer als Gestalt. Die Gestalt erledigt das Problem, sie beantwortet das Unbeantwortbare.“

Sieht man die einzelnen Versuche, auf eine geistige Mitte der Nation hinzuweisen, zu einem Ganzen zusammen, so erscheint die bedeutungsvolle Rede: „Das Schrifttum als geistiger Raum der Nation“, die Hofmannsthal in München im Jahre 1927 hielt, wie eine Kristallisation aller dieser Bemühungen. Was hier auf wenigen Seiten mit einer großen geistigen Leidenschaft ausgesprochen wurde, wiegt umfangreiche Werke auf. Eine menschliche Besorgtheit, die sich der Verantwortung der Nation und der Kultur gegenüber bewußt ist, bewegt ihn, unermüdlich teilzunehmen an den Nöten und Sorgen der Zeit. Es muß zur Vermeidung von Irrtümern betont werden, daß es sich hier nicht um die Erneuerung eines nationalistischen Strebens handelt, sondern um eine Arbeit im Sinne unserer großen Humanisten wie Herder, Goethe, Schiller und Humboldt. Ihnen erschien wie Hofmannsthal der Begriff der Nation identisch mit dem Begriff einer geistigen Gemeinschaft, die sich der Geistesgemeinschaft der übrigen europäischen Nationen einfügt. Hofmannsthal hat dieses Ziel wiederholt ausgesprochen, so in einem kleinen, gehaltreichen Aufsatz „Europa", so in der unvergleichlichen Festrede „Vermächtnis der Antike". Immer wieder wird in diesen Arbeiten die Aufgabe des Dichters und Erziehers wie des Wissenschaftlers von hohen Gesichtspunkten aus umschrieben. Besonders eindringlich geschah dies in dem Vorwort zu dem Band „Schillers Selbstcharakteristik aus seinen Schriften", in dem Hofmannsthal sagt: „Eine solche Genossenschaft aber, wie die Zugehörigkeit zu dieser Zeit aus uns gemacht hat, wendet sich an das Andenken der großen Männer nicht, damit sie genieße, sondern damit sie erfahre, wodurch sie sich umschaffe. Jenseits der Zeitlarven suchen wir die großen Begriffe, an denen wir uns ein neues Selbst aufbauen." In diesem Sinne hat sich der Dichter den Gestalten der Vergangenheit genähert, hat er sie ergriffen, um sie der Gegenwart ins Bewußtsein zu rufen. Er bekannte sich aber nicht nur zu den Großen der Vergangenheit, sondern trachtete auch danach, außerordentliche Leistungen in der Gegenwart sichtbar zu machen. So wies er auf die Übertragungen der Heiligen Schriften der Buddhisten durch Karl Eugen Neumann hin, so feierte er die Arbeit Rudolf Alexander Schröders oder die Dichtungen Max Mells und Hans Carossas, so das Lebenswerk Rudolf Kassners. Daß er auch in diesen Jahren immer wieder auf Goethe zurückkam, soll ausdrücklich betont werden. Er suchte immer neue Wege, um den Zeitgenossen zu zeigen, wen sie in Goethe besitzen. Goethe gehörte für ihn zur innersten Mitte einer geistigen Welt, in der er sich selbst beheimatet wußte. In einem seiner wichtigsten Bücher, dem „Buch der Freunde“, stehen Sätze, die sich die Deutschen auf die Nägel schreiben sollten, wie Hofmannsthal bei einer anderen Gelegenheit sagte: „Von Goethes Sprüchen in Prosa geht heute vielleicht mehr Leuchtkraft aus als von sämtlichen deutschen Universitäten.“ Oder: „Wir haben keine neuere Literatur. Wir haben Goethe und Ansätze.“ Schließlich: „An Goethe kann man sich bilden, wofern man sich an ihm nicht verwirrt; an der deutschen Literatur kann man sich nicht bilden, nur verwirren.“

So sind Hofmannsthals letzte Lebensjahre angefüllt mit Arbeiten sehr verschiedener Art, mit Versuchen zu wirken, die sich auf den mannigfaltigsten

Ebenen abspielen. Sie alle aber gehören zusammen und haben dasselbe Ziel: sie suchen dem Drohenden entgegenzutreten, obwohl der Dichter weiß, wie schwer das ist, obwohl er sich im klaren ist, wie viel Geduld zu einer solchen Arbeit gehört. So schrieb er an mich im Sommer 1927, als ich in dem von mir herausgegebenen Jahrbuch „Die Ausfahrt" etwas ähnliches versuchte wie er selbst: „Wir müssen gemeinsam darauf ausgehen, die Mitte der Nation zu sich selber zurückzurufen. Das ist eine Arbeit, die Geduld braucht." Den Glauben an eine solche Mitte der Nation wollte er, wie die Einführung zu „Wert und Ehre deutscher Sprache" zeigt, nicht aufgeben.

Es wurde schon erwähnt, daß es Hofmannsthal in diesen Jahren darum ging, ohne seine Verwurzelung in der österreichischen Heimat zu lösen und ohne sein Europäertum zu verleugnen, das Wesen des Deutschen immer tiefer verstehen und kennen zu lernen. Vor allem trachtete er danach, das eigentümlich Preußische zu erkennen. „Schon als Mensch, in dem vielerlei Blut sich mischt, schon als Österreicher bin ich ganz auf die verbindende Linie, auf die Aussöhnung der Gegensätze gestellt; ein von Kind an nachdenkliches Gemüt und die furchtbare Lehre der Epoche haben dies Gepräge nur noch vertieft." Wir erinnern uns daran, daß er schon früher in einem Schema das Österreichische und das Preußische einander gegenübergestellt hat. In diesen späten Jahren aber rückte dieses Thema immer mehr in die Mitte seines Nachdenkens. Das zeigt ein Brief an den Diplomaten Alfred von Nostitz, den Gatten von Helene von Nostitz, vom Jahre 1924: „Mir aber ist um das dreißigste Jahr das Gute zuteil geworden, daß mir einige Menschen begegnet sind und meine Freunde geworden sind, alle aus dem Deutschland nördlich dem Main, in denen ich habe mit dem Gemüt erkennen können, was das ist, deutsches Wesen. Ja, das Heimlichere und Tiefere am deutschen Wesen, das eigentlich Deutsche, wie es in den Dichtungen und Sprachdenkmälern ausgeprägt ist, das, was bei einem Goethe eigentlich deutsch ist – vieles an ihm ist europäisch und vieles ist Geist des XVIII. Jahrhunderts –, alles dies habe ich vermöge dieser lebendigen Berührung, die mein Herz mitsprechen machte, ganz anders zu erkennen vermocht, als ich es aus den Büchern allein hätte gewahren können, Deinen Namen nenne ich hier in mir, wie den von Eberhard Bodenhausen und den von Rudolf Schröder. Nicht gar sehr aus unserer Zeit schienet Ihr mir, die Ihr mir da entgegentratet, zu sein, aber völlig aus unserem Volke – aus dem Stoff, der die Zeiten überdauert. Das völlig Gerade, das Treuherzige und Treue, das tief und immer Ehrfürchtige, das doppelt Beheimatete: im Wirklichen und anderswo – das Unweltlich-Weltliche, das rastlos Strebende, doch Bescheidene – eine herrliche Ahnung von deutscher Art ist mir aus dieser Begegnung aufgegangen."

Aus einem ähnlichen Lebensgefühl sind die tröstenden und ermutigenden Sätze an den deutschen Botschafter in Tokio, Wilhelm von Solf, geschrieben: „Wagen Sie es, als ein vereinsamter Deutscher, Ihrer milden Natur nachzuleben, sich in Tiefes, sei es auch fremd, mit ahnender Empfänglichkeit zu versenken, Widersprechendes in stiller Demut dennoch zu verbinden. – Seien Sie, es liegt in Ihnen, ein Deutscher der älteren Prägung (nach deren verwandelter Wiedergeburt wir qualvoll ringen) und Sie werden unser Volkstum schön und würdig vertreten, wodurch es mächtig werden kann über die Gemüter: im Geheimnis seiner Sendung."

Dies alles kommt aus großen Tiefen einer erschütterten, aber keineswegs verzweifelten Seele, aus einer gläubigen Gemütsverfassung. Überschauen wir alles, was in diesem letzten Jahrzehnt zutage kam, wir müßten schon durch die Fülle und den Rang bewegt sein von dem Arbeitsfleiß und der geistigen Leidenschaft dieses Mannes. Wir sind es aber noch in einem höheren Grade, sobald wir uns erinnern, wie schwer Hofmannsthal das Leben wurde. Seine Gesundheit war erschüttert, wir hören Klagen durch die Briefe gehen, wir wissen, daß er je länger je mehr unter Wetterveränderungen litt. Ein Brief an Rudolf Alexander Schröder spricht davon: „Es nehmen gewisse Dinge in mir, körperliche, solche, von denen die Ärzte wenig wissen und denen abzuhelfen sie nicht vermögend sind, manchmal eine ängstliche Heftigkeit an, die Krisen der Atmosphäre zerrütten mich wie eine wahre Krankheit, ich sehe mit den Augen eines Kranken unsicher in die Welt." Rudolf Kassner dehnt diesen Zustand nach dem Geistigen hin aus, wenn er davon schreibt: „So wie atmosphärischen Einflüssen, war er geistigen Strömungen, Strahlungen unterworfen, die von Menschen ausgingen, ihn für sie einnahmen oder gegen sie stimmten."

Dabei war der Dichter bemüht, die selbstgewählten Pflichten nicht zu versäumen, die Aufgaben, die er sich aus dem Erlebnis der Zeit heraus gestellt hatte, mit großem Verantwortungsbewußtsein gegenüber der Vergangenheit wie gegenüber der Gegenwart und der Zukunft zu erfüllen. Er wußte, wie wichtig es war, daß er auf seinem Posten blieb. „Mein ganzes Bestreben ist aber immer, die Menschen, welche in irgendeiner Beziehung ihr Vertrauen auf mich gesetzt haben, nicht zu enttäuschen." So schrieb er an Professor Paul Kluckhohn. Er wollte den Glauben nicht aufgeben, es lebten weit zerstreut über die ganze Nation Menschen, Einzelne, Einsame, die, wie er selbst, auf das, was er die Mitte der Nation nannte, vertrauten. „Einen letzten Glauben, es bestehe unversehrt wenngleich verborgen die Mitte der Nation und werde dies in Empfang nehmen, wollen wir nicht aufgeben." Dieser Satz steht in der Einführung zu „Wert und Ehre deutscher Sprache". Er könnte ein Leitwort sein für die gesamte Arbeit seines letzten Jahrzehnts. Hofmannsthal hatte nie die Absicht, einen Kreis um sich zu bilden, wie das der Weise und dem Wesen Stefan Georges gemäß war, aber es war ihm wesentlich zu wissen, daß er nicht ins Leere hinein schrieb und sprach, daß seine Arbeiten aufgenommen und verstanden wurden, wenn nicht von den vielen, die in diesen Jahren ganz anderen Tendenzen anhingen, sondern von wenigen, die begriffen hatten, was die Stunde wahrhaft forderte.

Es muß sich in diesen Jahren auch in seinem Äußeren vieles verändert haben. Den Menschen erschien er wie aus einer anderen Welt kommend; so erzählt Carl J. Burckhardt davon, wie in Palermo ein sizilianischer Kutscher den Dichter für einen großen Sizilianer gehalten habe und wie ihn um dieselbe Zeit ein Portugiese gefragt habe: „Wer war dieser Herr, mit dem Sie gestern in der Oper saßen? Er sah aus wie ein verbannter König aus unsern Ländern.“ Solche Beobachtungen sind von großer Wichtigkeit, deuten sie doch an, wie weit Hofmannsthal sich in die Bereiche seiner eigensten großen Welt hineinverwandelt hatte. Das Gesetz seines Schicksals offenbart sich hier sichtbar. Burckhardt erinnert in diesem Zusammenhang mit Recht daran: „In dem Prosastück ‚Die Wege und die Begegnungen‘ erkennt er selbst die Züge, unter denen er bisweilen andern erschien.“ Groß und den ganzen Reichtum seines Wesens ausstrahlend und gleichzeitig den Reichtum der Welt empfangend, erscheint der Dichter auch in den Aufzeichnungen von einer Reise in Nordafrika. Hier sind Begegnungen festgehalten mit Menschen des Landes, da ist aber auch die Begegnung mit französischen Offizieren, mit denen er Gespräche führte über französische und deutsche Sprache und über deutsche Musik. In einem Brief aus Marrakesch vom 15. März 1925 schreibt Hofmannsthal: „Auch das neue Frankreich, das ich hier wahrnahm, habe ich liebgewonnen. Der alte Marschall Lyautey kam mir mit einer großen Freundlichkeit entgegen. Er ging sehr schnell, ja lief eigentlich durch den großen Saal auf mich zu, nahm meine Hand in seine und sagte: ‚Monsieur, vous êtes chez vous-vous êtes dans votre maison, et voisi pourquoi: je commande ici, je suis Lorrain, vos empereurs ce sont mes ducs, et je regarde la destruction de l'Autriche comme le crime le plus déplorable.“ Diese Szene konnte nur einem Dichter begegnen, dessen Leben geformt war von Mächten, die innerhalb und außerhalb der Zeit ihren Ursprung hatten. In dem Satz des Marschalls ist so vieles enthalten, die Vergangenheit Hofmannsthals erhebt sich aus ihm durch seine tiefe Zugehörigkeit zur Welt Habsburgs, ebenso aber auch sein nicht zu mildernder Schmerz über den Untergang der österreichischen Monarchie. Wir haben es erlebt, daß die Zerstörung dieses jahrhundertealten

Staatsgebildes wirklich eines der schlimmsten Verhängnisse der abendländischen Geschichte darstellt.

In solchen Augenblicken war Hofmannsthal ganz in seiner Welt, das Innen und Außen trafen sich, gehörten zusammen, paßten aufeinander. Aus solchen Augenblicken fällt ein Licht auf das ganze Leben und auf das ganze Werk. Der Dichter des „Turm“ tritt gleichsam aus seiner Dichtung heraus in den schicksalhaften Raum der Zeit, und er kehrt wieder dorthin zurück nach Begegnungen wie diesen; nicht verwandelt, dessen bedurfte er nicht, sondern nur bestätigt.

So schließt sich auf eine ergreifende Weise in diesem Leben vieles zu vielem zusammen. Wir erinnern uns eines Wortes, das der Dichter bereits im Jahre 1905 in einem Oscar Wilde gewidmeten Aufsatz niederschrieb: „Man kann kein Ding ausschließen und keines für so niedrig nehmen, daß es nicht eine sehr große Macht sei. Es gibt, vom Standpunkte des Lebens betrachtet, kein Ding, das ‚dazu gehört‘. Es ist überall alles. Alles ist im Reigen. – Wundervolles Wort des Dschellaledin Rumi, tiefer als alles: ‚Wer die Gewalt des Reigens kennt, fürchtet nicht den Tod. Denn er weiß, daß Liebe tötet.‘“ Nichts in Hofmannsthals Leben gehört dazu. Es ist wahrhaft überall alles, alles ist im Reigen. Uns bewegt es zuinnerst, daß der Dichter, kaum dreißigjährig, diese Zusammenhänge mit so großer Sicherheit voraussah. Sein Leben war von dem Wissen bestimmt, daß „jeder Gegenstand mit allem in der Welt zusammenhängt". Oder um es anders auszudrücken, dieses Leben stand von der frühesten Jugend an bis zur letzten Stunde unter einem strengen Gesetz.

Als Hofmannsthal am 15. Juli 1929 starb, war sein Tod nicht der zufällige Tod eines Mannes, der, seit langem erkrankt, einem Schlaganfall erlag, als er zur Beisetzung seines Sohnes Franz gehen wollte. Dieser Sohn hatte Selbstmord begangen, weil es ihm nicht gelungen war, einen Weg ins Leben zu finden. Diesen Weg ins Leben hatte der Vater nach seiner großen Krise finden dürfen. So gehört der Tod Hofmannsthals so sehr zu seinem Leben und seinem Werk, daß wir nur ergriffen und bewegt vor der Vollendung stehen können, die Leben und Werk durch ihn empfingen. Wir spüren aus seinem letzten Brief an Carl J. Burckhardt etwas heraus, das zwar nicht den eigenen Tod ankündet, aber andeutet, daß der Dichter auch in diesem Augenblick fühlte, wie nahe er an das Lebensgeheimnis herangeführt wurde, nach dem er lebenslang gesucht hatte. „Gestern nachmittag ist ein großes Unglück über das Rodauner Haus gekommen. Während eines schweren dumpfen Gewitters hat unser armer Franz sich durch einen Schuß in die Schläfe das Leben genommen. Die Ursache dieser schweren Tat liegt unendlich tief: in den Tiefen des Charakters und des Schicksals. Eine äußere Ursache war nicht. Wir hatten noch zusammen gegessen – lieb und gemütlich. Es liegt etwas unendlich Trauriges und unendlich Nobles in der Art wie das arme Kind aus dem Leben gegangen ist. Er konnte sich nie mitteilen. Auch sein Weggehen war schweigend."

„Er konnte sich nie mitteilen", dieser Satz erinnert uns an den Brief des Philipp Lord Chandos, in dem er davon spricht, daß ihm die Worte fehlen, das auszusagen, was er aussprechen müßte. Sie rufen uns aber auch wieder ins Bewußtsein, wie es Hans Karl, dem Schwierigen, in entscheidenden Augenblicken schwer fiel, *die* Worte zu finden, deren er bedurft hätte. Man kann Franz von Hofmannsthal auch mit Claudio in „Der Tor und der Tod" zusammenbringen, jenem Menschen, der den Weg ins Leben nur durch die Begegnung mit dem Tod fand. Das aber sind Zusammenhänge, an die nur leise zu rühren ist, Zusammenhänge, die wir ahnen, die wir fühlen können, vor denen wir uns in Ehrfurcht, mit dem Gefühl religiöser Scheu beugen müssen. Leben und Werk eines jeden Dichters gehören zusammen. Und auch der Tod ist ein Stück dieses Lebens. Hofmannsthals Wunsch war es, in dem ehrwürdigen Habit des Franziskaner-Ordens beigesetzt zu werden. Auf dem Friedhof in Kalksburg bei Wien fand der Dichter sein Grab; die Platte, die es schmückt, trägt die Verse aus der Frühzeit:

„Und mein Teil ist mehr als dieses Lebens
Schlanke Flamme oder schmale Leier."

Es ist eine Einheit, wohin wir blicken. In der Jugend lautete eine Strophe:

„Welch ein Ding ist diese Welt!
Sterne, Länder, Menschen, Bäume:
Ein Blutstropfen schwemmt es fort!“

Jetzt am Ende des Lebens in einem einzigen Augenblick schien wirklich alles fortgeschwemmt. Aber es war längst auch alles eingefangen in das Werk seines Lebens, eingefangen in die Landschaften und die Träume, eingefangen in das Geflecht der Handlungen und Verknüpfungen, eingefangen in die Gestalten, die bei aller Verschiedenheit doch wie die Geschwister einer Familie erscheinen. Es fällt nicht schwer, von einer Gestalt zur andern die Fäden zu spannen, nicht schwer, die eine in der anderen wiederzuerkennen. Sie alle deuten auf den Dichter zurück. Nicht, daß er sich in einer einzelnen auch nur annähernd selbst dargestellt hätte, er lebt vielmehr in vielen Verwandlungen in allen mehr oder minder fort. Was er vom Leben wußte, diesem rätselhaften, unfaßbaren Leben, das ging in diese Gestalten ein, das lebt in ihnen fort. Ein Wort, aufgeschrieben bei Erscheinen der „Ariadne auf Naxos“, kann auf dieses sein Leben in den Gestalten hindeuten: „Verwandlung ist Leben des Lebens, ist das eigentliche Mysterium der schöpfenden Natur; Beharren ist Erstarren und Tod. Wer leben will, der muß über sich selber hinwegkommen, muß sich verwandeln: er muß vergessen. Und dennoch ist ans Beharren, ans Nichtvergessen, an die Treue alle menschliche Würde geknüpft. Dies ist einer von den abgrundtiefen Widersprüchen, über denen das Dasein aufgebaut ist wie der delphische Tempel über seinem bodenlosen Erdspalt."

In der Jugend, in „Der Tor und der Tod", lautete dasselbe Wissen um das Leben so:

„Ich will die Treue lernen, die der Halt
Von allem Leben ist ... Ich füg mich so,
Daß Gut und Böse über mich Gewalt
Soll haben und mich machen wild und froh.
Dann werden sich die Schemen mir beleben!
Ich werde Menschen auf dem Wege finden,
Nicht länger stumm im Nehmen und im Geben,
Gebunden werden – ja! – und kräftig binden!"

Der Tod ist in jedem Fall eine große Rätselhaftigkeit, der Tod dieses Dichters nicht minder, aber er kann verstanden werden von denen, die das Werk von seinen Anfängen bis zu seinem Ende als Ganzes zu sehen vermögen, die hineinblicken in die Jahre und Jahrzehnte und erkennen, wie das, was sich hier entfaltet hat, nicht ohne Leiden, nicht ohne Irrwege und nicht ohne Widersprüche gewachsen ist. Der Dichter ging durch diese Zeit hindurch, einmal gerühmt und gefeiert wie ein Wunderkind, dann nur noch von wenigen erkannt, mitunter verkannt und fast vergessen, so daß er in seinem letzten Lebensjahr auf einem Gang durch das alte Basel zu Rudolf Alexander Schröder sagen konnte: „Ich befinde mich in einer seltsamen, schwer begreifbaren, schwer ertragbaren Lebensperiode, ich bin noch nicht alt, ich hätte, wenn ich auch größere poetische Leistungen kaum mehr von mir erwarte und erwarten darf, Zeit zu manchen Dingen; aber niemand fordert mich auf, niemand will, niemand erwartet etwas von mir." Es klingt sehr viel Melancholie aus diesen Worten. Gewiß ahnten viele nicht, wer mit Hofmannsthal unter uns lebte, auch die Kritiker der Zeit wußten nicht zu schätzen, was er zu geben hatte. Allein der Dichter war zu pessimistisch mit seiner Feststellung. Es lebten noch immer, weit zerstreut über die ganze Nation, Menschen genug, die etwas von ihm erwarteten, was nur er zu schenken hatte und wozu er Zeit gehabt hätte, wenn ihm das Schicksal diese Zeit zugebilligt hätte.

Wie selten aber sind die Menschen fähig oder willens, in der Vielfalt die Einheit, in den Teilen das Ganze zu sehen! Erkannten sie es bei Goethe oder bei Schiller? Erst der Tod muß zusammenschließen, was weit zerstreut scheint in den Sphären des Geistes. So schloß Goethes Tod in merlinhaftem Alter das Werk ab, so der jähe frühe Tod Schillers das seine. Hofmannsthal hat das immer gewußt. Wir Nachlebenden sehen auch diesen Tod mit dem Leben und dem Werk zusammen, wissend, daß es in einem wesenhaften Leben keine Zufälle gibt, daß alles seine Notwendigkeiten hat, so auch das eigene Sterben. Hofmannsthal, der so viel vom Tode wußte, der lebenslang sein Geheimnis nicht gelöst, aber immer neu sichtbar gemacht hat, wußte um diese Zusammenhänge; er hat uns gelehrt, sie zu achten als die Stimme des Schicksals, die Stimme der Gottheit. Wir folgen seinem Wink und sehen zusammen, was Leben und Tod gewoben haben im geheimnisvoll-offenbaren Geflecht dieses wahrhaften, unzerstörbaren und großen Werkes.

Schauen wir alles zusammen, so steht die Gestalt des Dichters vor uns in ihrer Größe und Reinheit, nicht ferne wie die eines Olympiers, nein, uns ganz nahe als Mensch mit seinen Leiden und seinen Gebrechlichkeiten, als Mensch, der wie wir durch die Zeiten hindurchgehen mußte, die von erdbebenähnlichen geistigen und sozialen Erschütterungen heimgesucht wurden. Er war ein Mensch, von dem der große französische Dichter Paul Claudel sagen konnte: „Il pesait une terrible fatalité sur lui.“ Je länger wir ihn betrachten, je mehr wir uns in dieses Ganze, diese Einheit, gebildet aus so viel Mannigfaltigkeiten, versenken, umso mehr fühlen wir, was uns mit diesem Menschen geschenkt worden war. So gedenken wir heute seiner, möge er auch unser gedenken in dem Sinne, in dem er selbst, von Beethoven sprechend, sagte: „Wir gedenken seiner in dieser Stunde. Möge er in der gleichen Stunde unser gedenken und durch uns hinziehen mit dem Wehen seiner Kraft und seiner Reinheit."

Otto Heuschele

Wir müssen gemeinsam darauf ausgehen, die Mitte der Nation zu sich selber zurückzurufen.

Aus einem Brief Hofmannsthals an Otto Heuschele

Nachwort

Der Literaturwissenschaftler Bernhard Zeller hat jüngst vermerkt, in der Vielfalt der Stimmen und Klänge schwäbischer Dichtung werde „der Reichtum einer dichterischen Welt besonderer Prägung deutlich, einer Welt, in der sich Enge und Weite, Idylle und harte Wirklichkeit, Phantasie und nüchterne Rationalität in sehr charakteristischer Weise berühren und miteinander verflechten".

In diesem Satz sind bereits wesentliche Züge des literarischen Werkes von Otto Heuschele umschrieben. Die Verbundenheit mit der schwäbischen Heimat, die in seinem reichen Schaffen immer wieder anklingt, wird ergänzt durch ein stetiges Bekenntnis zur geistigen Überlieferung des Abendlandes. So zählt zu seinem Oeuvre, das Biographien, Romane, Erzählungen, Essays, Aphorismen und Gedichte umfaßt, auch die Tätigkeit als Herausgeber, die sich – darin Hofmannsthal verwandt – der Pflege des kulturellen Erbes widmet. Zu dieser Fülle tritt außerdem die umfangreiche und gewichtige Korrespondenz mit zahlreichen Persönlichkeiten unseres Jahrhunderts: Hugo von Hofmannsthal und Carl J. Burckhardt,

Stefan Zweig und Hermann Hesse, Albert Schweitzer und Karl Kerényi, Hans Carossa und Reinhold Schneider, um nur einige zu nennen.

Das Briefwerk und der weitgespannte Freundeskreis signalisieren eine Hinwendung zum Du, die kennzeichnend für Heuscheles Dichtertum ist. Denn stets verteidigt er in seinen Schriften den einzelnen vor dem Zugriff bürokratischer Systeme, starrer Prinzipien oder einer menschenfeindlichen Ideologie. Wir vernehmen deutlich die Stimme des Autors, wenn über die Hauptfigur der Erzählung „Der letzte Abend" gesagt wird: „Ihm selbst aber war ein Leben lang das Menschliche, der Mensch selbst, das Entscheidende gewesen."

Obwohl sich seine Texte durch eine hohe Sorgfalt in der Gestaltung auszeichnen, will Heuschele nicht brillieren oder gar blenden. Erst dort, wo Form und Gehalt zusammenwirken, sieht der Autor sein Ziel erreicht: den Menschen zu helfen, ihre Identität zu finden und zu bewahren. Dabei wird er von der Überzeugung geleitet, daß Abhängigkeit den Menschen vielfach unterdrückt, daß es aber Bindungen gibt, die ihm das Menschsein erst ermöglichen.

Dieses Bekenntnis bestimmt auch Heuscheles Verhältnis zum Wort. Es ist das Vertrauen auf die gemeinschaftsbildende Rolle der Sprache, das seine Hoffnung begründet: eine Hoffnung auf die Überwindung der Einsamkeit des modernen Menschen im

Dialog, seine Bereitschaft zu „Gesprächen zwischen den Generationen", wie es ein Buchtitel von 1979 programmatisch formuliert.

Die klassische Trias des Wahren, Guten und Schönen, die für das Denken des Dichters große Bedeutung besitzt, ist weder schmückendes Beiwerk noch sinnentleerter Begriff. Sie entspricht dem Glauben an ein über die Zeiten hinweg Gültiges und Wegweisendes, das wie die Sprache verbindende Wirkung ausstrahlen kann. Der aufmerksame Leser besonders des essayistischen Werks von Heuschele weiß, daß dieser Standpunkt keiner lebensfernen Einstellung entspringt. Seit jeher hat der Autor Stellung zu grundsätzlichen und aktuellen Problemen der Zeit bezogen.

Vor allem „Natur und Geist" – so der Titel einer knappen Lebensskizze aus dem Jahr 1954 – zählen zu den Schlüsselbegriffen in Heuscheles Schaffen. Das Wissen um den Wert geschichtlicher Erfahrung findet seine Ergänzung in der Hinwendung zur Natur. Diese Bindung an die Landschaft, die genaue Kenntnis der Regionen Baden-Württembergs und ihrer Bewohner, versucht zurückzugewinnen, was die Technik heute vielfach verstellt: die sinnliche Erfahrung der Welt. Nicht in der Freiheit des Menschen von der Natur, die zum Versuch ihrer Beherrschung, aber ebenso zu einer Entfremdung geführt hat, sieht der Dichter einen Weg für unsere Epoche, sondern im Einverständnis mit den Gesetzen der Umwelt:

„Ich möchte wie ein Baum sein –
Langsam wachsen Jahr um Jahr
Und Ring um Ring geduldig reifen."

In seinen „Gedanken zu einem Lebenslauf" zieht Heuschele das Resümee: „Was immer mir widerfuhr an wechselnden Geschicken, der Wunsch, für vielfältig empfangene Gaben zu danken, bleibt vorherrschend." In diesem schönen Sinn ist der vorliegende Band ein Buch des Dankes und der Verehrung. Daß es anläßlich des 90. Geburtstags von Otto Heuschele wieder erscheint, ist in unserer schnellebigen Zeit ein Geschenk besonderer Art. Denn jeder Generation von Lesern ist es aufgegeben, die maßgebenden Autoren aus Vergangenheit und Gegenwart selbst zu entdekken. Darum sei dieses Buch ein Anstoß zur Beschäftigung mit dem Werk Hofmannsthals, aber auch mit dem Otto Heuscheles – Schriften, an denen in der deutschen Literatur kein Überfluß herrscht.

Michael Petrow

Personen- und Werk-Verzeichnis

(Die mit einem * bezeichneten Stellen beziehen sich auf die Werke)

Quellen-Hinweis

Karl Jakoby:
Hugo von Hofmannsthal – Bibliographie / Maximilian-Gesellschaft, Berlin, 1936 (vollständige Bibliographie bis 1935).

Günter Erken:
Hofmannsthal-Chronik – Literaturwissenschaftliches Jahrbuch der Görresgesellschaft, Neue Folge. Dritter Band, Berlin, Seite 239 ff.

Hugo von Hofmannsthal:
Der Dichter im Spiegel der Freunde. Herausgegeben von *Helmut A. Fiechtner,* Francke-Verlag, Bern und München, 1963.

Richard Alewyn:
Über Hugo von Hofmannsthal / Vandenhoeck und Ruprecht Verlag, Göttingen, 1958.

Erika Brecht:
Erinnerungen an Hugo von Hofmannsthal. Österreichische Verlagsanstalt, Innsbruck, 1946.

Carl J. Burckhardt:
Erinnerungen an Hofmannsthal und Briefe des Dichters. Verlag Benno Schwabe u. Co., Basel, 1944.

Carl J. Burckhardt:
Begegnungen, Manesse-Verlag (Manesse-Bibliothek der Weltliteratur) 1958 (darin Erinnerung an Hugo von Hofmannsthal, Seite 89 ff.).

Edgar Hederer:
Hugo von Hofmannsthal, S. Fischer Verlag, 1960.

Friedrich Hermann:
Stefan George und Hugo von Hofmannsthal. Dichtung und Briefwechsel, Werner Classen Verlag, Zürich, 1947.

Otto Heuschele:
Hugo von Hofmannsthal, Dank und Gedächtnis. Rainer Wunderlich Verlag, Tübingen, 1930.

Otto Heuschele:
Hugo von Hofmannsthal, Dank und Gedächtnis, Essays. Mit einem Anhang: Aus Briefen Hugo von Hofmannsthals an den Verfasser. Verlag Karl Alber, Freiburg, 1949.

Rudolf Kassner:
Das Physiognomische Weltbild, Delphin-Verlag, München, 1930 (darin Erinnerung an Hugo von Hofmannsthal, Seite 247 ff.).

Rudolf Kassner:
Geistige Welten / Ullstein-Bücher. Ullstein-Verlag, Berlin, 1958 (darin: Im Gespräch mit Hugo von Hofmannsthal, S. 77 ff.).

Grete Schaeder:
Hugo von Hofmannsthal und Goethe. Verlag der Bücherstube Fritz Seifert, Hameln, 1947.

Eberhard von Vietzsch:
Wilhelm Solf / Botschafter zwischen den Zeiten / Rainer Wunderlich Verlag, Hermann Leins, Tübingen, 1961.

Walter Warnach:
Hugo von Hofmannsthal / Sein Weg von Mythos und Magie zu Wirklichkeit und Geschichte. „Wort und Wahrheit", IX. Jahrgang, Mai 1954, Seite 360 ff. / Herder Verlag, Freiburg.

Jakob Wassermann:
Hofmannsthal der Freund. S. Fischer Verlag, Berlin 1930.